**출간한 지 한 세대가 지나도 변치 않는 감동,
지금도 많은 이들이 읽고 '공부하는 이유'를 깨닫는 책!**

★★★ 문장은 간결했고 메시지는 명확했다. 경험에서 우러나 왔기에 더욱 아름다웠다. _Ka**** ★★★ 삶이란 끊임없는 배움의 과정이다. '왜 공부해야 하는가'에 대한 진지한 탐구와 조언이 담겨 있다. 20대에도 읽었고, 40대 중반에 다시금 읽으니 또 새롭다. _j****0 ★★★ 배운다는 것은 인생에 있어서 가장 커다란 즐거움이라는 것을 새삼 느끼게 해준다. _se***** ★★★ '천재가 아닌 너도 할 수 있어!'라고 말해주는 듯한 한마디! _da**** ★★★ 자신은 보통 사람이라며 능력에 한계를 긋고 있는 사람이라면 꼭 읽어볼 만한 책. 수학에 문외한인 나도 인생을 관통하는 지혜를 엿볼 수 있었다. _ze***** ★★★ 노력이 천재를 이긴다는 평범해 보이지만 결코 평범하지 않은 이야기가 펼쳐진다. '철학이 없으면 수학도 없다'는 문장이 마음에 깊이 와닿았다. _m****0 ★★★ 겸허한 자세와 태도가 느껴지는 책. '나도 할 수 있다'는 용기를 얻는다. _y*****4 ★★★ 한 목표를 향한 꾸준한 노력으로 세계 최정상에 도달한 수학자의 이야기에 감동했다. _ze***** ★★★ 배움에 대한 집착과 끈기, 마인드셋을 배웠다. 대가들의 머릿속을 엿보는 것은 언제나 즐거운 일이다. _y*****2 ★★★ 호기심에 기인한 끈질기고 성실한 노력만이 천재를 뛰어넘는다는 사실을 다시금 일깨운다. _j*****e ★★★

학문의
즐거움

学問の発見
by 広中平祐
GAKUMON NO HAKKEN - revised edition by Heisuke Hironaka

Copyright ⓒ 1982, 1992 by Heisuke Hironaka
Korean translation copyright ⓒ 2001 by Gimm-Young Publishers,Inc.
All rights reserved
Original Japanese edition published by Kosei Publishing Company
Korean translation rights arranged with Kosei Publishing Company
through Japan Foreign-Rights Centre/Shinwon Agency Co., Ltd.

학문의 즐거움

1판 1쇄 발행 1992. 12. 10.
1판 34쇄 발행 2001. 10. 5.
개정 2판 1쇄 발행 2001. 11. 27.
개정 2판 27쇄 발행 2006. 12. 12.
개정 3판 1쇄 발행 2007. 3. 27.
개정 3판 5쇄 발행 2008. 4. 11.
개정 4판 1쇄 발행 2008. 7. 26.
개정 4판 35쇄 발행 2023. 2. 28.
개정 5판 1쇄 인쇄 2025. 11. 1.
개정 5판 1쇄 발행 2025. 11. 15.

지은이 히로나카 헤이스케
옮긴이 방승양

발행인 박강휘
편집 임지숙 | 디자인 이경희 | 마케팅 김새로미 | 홍보 강원모
발행처 김영사
등록 1979년 5월 17일 (제406-2003-036호)
주소 경기도 파주시 문발로 197(문발동) 우편번호 10881
전화 마케팅부 031)955-3100, 편집부 031)955-3200 팩스 031)955-3111

이 책의 한국어판 저작권은 저작권사와의 독점 계약으로 김영사에 있습니다.
저작권법에 의해 한국 내에서 보호를 받는 저작물이므로 무단전재와 무단복제를 금합니다.

값은 뒤표지에 있습니다.
ISBN 979-11-7332-271-6 03800

홈페이지 www.gimmyoung.com 블로그 blog.naver.com/gybook
인스타그램 instagram.com/gimmyoung 이메일 bestbook@gimmyoung.com

좋은 독자가 좋은 책을 만듭니다.
김영사는 독자 여러분의 의견에 항상 귀 기울이고 있습니다.

학문의 즐거움

히로나카 헤이스케
방승양 옮김

김영사

사람은 왜 배우는가?

인간의 두뇌는 과거에 일어난 일이나

얻은 지식을 어느 정도는 잊어버리게끔 되어 있다.

보다 정확하게 말하면,

인간의 두뇌는 과거에 습득한 것의

극히 일부밖에 기억하지 못한다.

그런데 왜 사람은 고생해서 배우고,

지식을 얻으려 하는가?

이제부터 그 이유를 밝히겠다.

차례

머리말 8

1 배움의 길

창조하려면 먼저 배워야 한다 14 | 평범하고 친근한 나의 스승들 23 | 근면하고 독립적인 장사꾼, 아버지 26 | 어머니가 일깨워준 생각하는 기쁨 33 | 깊이 생각하라 41 | 왜 배워야 하는가 47 | 끝까지 해내는 것이 중요하다 54 | 음악에 대한 열정을 수학으로 돌리고 60 | 마침내 수학의 길로 69

2 창조의 여행

창조의 기쁨과 괴로움 76 | 격의 없이, 그러나 거리를 두고 80 | "선생님!" 한마디에 방황은 끝나고 88 | 시작이 반 94 | 체념도 필요하다 99 | 소박한 마음 107 | 사실과 억측을 구분하자 116 | 독자적인 목표, 패기에 찬 가설 122 | 나무와 숲을 함께 보려면 127 | 단순하고 명쾌하게 135 | 상대방의 입장이 되어보자 147

3 도전하는 정신

역경을 반가워하자 152 | 호황도 좋고 불황도 좋다 156 | 하고 싶은 것을 하자 164 | '특이점 해소'를 향하여 168 | 문제와 함께 잠자라 175 | 세 가지 교훈 185 | 나의 재산은 끈기 190

4 자기 발견

새로운 '나'의 발견 202 | 묻고, 듣고, 또 묻고 208 | 넓은 시야, 다양한 생각 221 | 수리 과학자 육성 사업 228 | 잠자는 가능성을 깨우자 241

추천의 말_ 히로나카, 배움으로 일관한 그의 삶 / 오자와 세이지 247
끈기와 겸손으로 완성한 학문의 기쁨 / 이정림 254
옮기고 나서_ 어느 수학자가 일깨운 평범함의 힘 / 방승양 258

머리말

 요즘 나는 젊은이들로부터 이런 질문을 자주 받는다. 얼마 전에도 어느 텔레비전 프로그램에서 같은 질문을 받았다.

 "학교에서 많은 것을 배우는데, 그중 몇 퍼센트가 미래의 직업이나 삶에 실제로 도움이 될까요?"

 한마디로 대답하기 어려운 질문이다. 사회에서 성공적으로 활동하고 있는 사람도, 중고등학교 때 배운 내용을 지금 테스트해본다면, 자신이 하는 일과 관련 없는 과목에서는 중고교생보다 성적이 더 나쁠 가능성이 크다. 전에 배웠다는 희미한 기억은 남아 있을지라도, 대부분을 잊어버렸기 때문에 정확한 답을 내기란 쉽지 않을 것이다.

 학교생활의 기억은 공부의 내용보다는 어느 선생님으로부터 칭찬받았다든가, 또는 꾸지람을 들었다든가, 인수분해를 배울 때 고생했다든가, 과외 활동이나 스포츠의 즐거움 같은 것이 대부분이다.

그렇다면 사람은 왜 배우는가?

인간의 두뇌는 과거에 일어난 일이나 얻은 지식을 어느 정도는 잊어버리게끔 되어 있다. 보다 정확하게 말하면, 인간의 두뇌는 과거에 습득한 것의 극히 일부밖에 기억하지 못한다. 그런데 왜 사람은 고생해서 배우고, 지식을 얻으려 하는가?

나는 '지혜'를 얻기 위해서라고 말하고 싶다. 배우는 과정에서 지혜라는 눈에 보이지 않지만, 삶을 살아가는 데 매우 중요한 것이 쌓여 간다고 생각한다.

이 지혜가 쌓이는 한, 배운 것을 잊어버리는 것이 결코 손해만은 아니다. 예를 들어, 일단 잊어버린 것을 필요에 의해 다시 떠올리려 할 때, 전혀 배워본 적도 들어본 적도 없는 사람과는 달리, 최소한 마음의 준비는 되어 있고, 어느 정도 시간을 들이면 큰 어려움 없이 그것을 이해하게 되기 때문이다. 지혜에는 그런 측면이 있다. 나는 그것을 '지혜의 넓이'라고 생각한다.

더 나아가, 지혜에는 대상을 심도 있게 탐구하는 '깊이'라는 측면도 있다. 또한, 결단력을 이끌어내는 '힘'이라는 측면도 있다.

따라서 "왜 배워야 하는가?"라는 질문에 대해, 나는 이러한 '지혜'를 얻기 위해서라고 답하고 싶다.

나는 이 책에서 학문하는 즐거움과 기쁨에 대해 이야기하려고 한다. 원래 학문이나 공부에는 '시험공부'라는 말이 대표하듯이, 고통을 수반하는 지루한 것이라는 이미지가 있다. 더군다나 내가 전공한 수학은 즐거움과는 전혀 관계없는 것처럼 보이기가 쉽다.

그러나 나는 학문이 즐겁고, 기쁨을 안겨주는 것이라고 말하고 싶다. 학문에는 배우는 일, 생각하는 일, 창조하는 일의 즐거움과 기쁨이 있기 때문이다.

배우는 일, 그것은 즐겁다. 앞서 말했듯이, '지혜'를 얻는다는 면에서도 그렇다. 그리고 생각하는 일은 더 즐겁다. 물론, 인생의 어려운 문제를 마주하고 깊이 고민할 때는 생각하는 것이 고통스러울 수도 있다. 그러나 대부분의 경우, 생각하는 것은 즐거운 일이라 말할 수 있다.

그리고 새로운 것을 창조한다는 것 또한 즐겁다. 나는 항상 "창조하는 인생이야말로 최고의 삶이다"라고 말한다. 그렇다면 '창조'란 무엇인가? 이 물음 역시 어렵다. 그러나 창조는 결코 학자나 예술가의 전유물이 아니다. 창조는 우리 일상 속에서 끊임없이 이루어져야 한다.

창조하는 즐거움과 기쁨. 그것은 아마도 자신 안에 잠재된, 미처 알지 못했던 재능이나 자질을 발견하는 기쁨, 그리고 자기 자신을 더 깊이 이해하는 기쁨이 아닐까 생각한다.

  이 책에서 나는 나의 인생을 솔직하게 이야기하려고 한다. 나는 여전히 학문과 씨름하는 현직 수학자이다. 내 인생을 되돌아보기에 아직은 이를지도 모르지만, 그동안 젊은이들을 위해 강연했던 내용을 정리해 이 책을 만들었다.

  50여 년 남짓한 내 삶에서 수학이라는 학문이 차지하는 비중은 절반 이상이다. 따라서 나의 인생론은 곧 학문론이라고 할 수 있다.

  다만, 전문적인 내용을 되도록 피하고 일반적인 이야기에 집중하려고 노력했다. 이 부끄러운 나의 인생과 학문에 대한 이야기가 젊은 독자들이 살아가는 데 조금이라도 도움이 된다면, 이 책을 쓴 보람이 있을 것이라 믿는다.

히로나카 헤이스케

배움의 길

1

창조하려면 먼저 배워야 한다

한평생을 살아가는 동안 사람은 여러 가지 꿈을 품게 마련이다. 태어나서 한 번도 꿈다운 꿈을 가져보지 못했다고 말하는 사람도, 사실 따지고 보면 누구 못지않게 꿈을 가지고 있을 것이다. 단지 살아오면서 그 꿈이 때로는 잊혀지고, 때로는 시간의 흐름 속에서 걸러지지 못한 채 묻혀버린 것일 뿐이다.

우리가 꾸는 꿈 중에는 보잘것없는 꿈도 있지만, 대망大望이라고 할 만큼 큰 꿈도 있다. 세월이 흘러도 퇴색하지 않고 계속 커가는 꿈이 있는가 하면, 자신도 모르는 사이에 사라져버리는 꿈도 있다. 또한, 곧바로 현실에서 실현될 것처럼 보이는 꿈이 있는가 하면, 아무리 시간과 노력을 들여도 결국 꿈으로만 남을 것처럼 보이는 것도 있다.

 꿈이란 참으로 이상한 것이다. 실현 불가능해 보일지라도 그것을 마음에 간직하고 있으면 은연중에 꿈을 이루려는 힘이 생기거나, 또 그런 꿈을 가지고 있다는 사실만으로도 삶이 가치 있어 보이기도 한다.

 나도 젊은 시절에 그런 꿈을 가졌다. 대학교 3학년 때 나는 수학이 내 천직이라고 생각하며, '대수기하代數幾何'라는 분야에 큰 흥미를 가지고 열심히 공부하고 있었다.

 대수기하는 100여 년 전에 이탈리아를 중심으로 발생한 학문으로 역사는 비교적 짧은 편이다. 그러나 그 기원은 프랑스의 철학자이자 물리학자, 수학자인 르네 데카르트René Descartes까지 거슬러 올라간다. 데카르트는 X축과 Y축이라는 좌표계를 고안했는데, 이를 통해 다양한 도형을 대수방정식으로 변환할 수 있게 되었다. 이 좌표계가 발달하면서 더 복잡한 방정식들도 도형으로 표현할 수 있게 되었다.

 대수기하학은 대수방정식에 의해 정의된 도형(대수다양체)의 구조를 해명하는 것을 목적으로 만들어지고 발전해 온 학문이다. 좀 더 전문적으로 말하자면, 대수기하학은 유한개의 변수 $X_1, X_2, \cdots X_n$의 유한개 다항식으로 이루어진 연립방정식 $f_1(x)=f_2(x)=\cdots f_n(x)=0$을 연구하는 학문이라고 할 수 있다.

당시 나는 기하학을 좋아했는데, 대수기하를 중점적으로 연구하고 있던 일본 교토대학교의 한 세미나에 참석하면서 기하나 대수에서는 경험할 수 없는 색다른 흥미를 느끼게 되었다.

그러던 어느 날, 그 세미나에서 대수기하학에서는 아직 해결하지 못한 문제가 소개되었다.

문제의 개요를 유원지에서 사람들이 타고 노는 롤러코스터라는 놀이 기구를 예로 들어 설명해보겠다. 화창한 봄날, 롤러코스터가 햇빛을 받으며 달리는 장면을 떠올리면 좋겠다.

롤러코스터를 타본 경험이 있는 사람이라면 알겠지만, 그 궤도는 매우 정교하게 설계되어 있다. 궤도는 역학적으로 계산된 곡선을 따라 만들어졌으며, 차체가 급속히 내려갈 때 승객들은 비명에 가까운 환호성을 지르지만, 실제로는 충분한 안전장치가 되어 있다.

그런데 지상에 드리워진 롤러코스터 궤도의 그림자는 매우 복잡하다. 원래 그림자는 번잡하게 보이기 마련이지만, 롤러코스터의 그림자는 선들이 복잡하게 교차하고 어떤 부분은 뾰족한 모양을 이루고 있어, 그 모습만으로도 섬뜩함을 느낄 정도로 흉악하게 보인다.

이처럼 도형에서 선과 선이 교차하는 점, 혹은 뾰족한 점을 대수기하학에서는 '특이점特異點'이라고 부른다. 이러한 특이점은 대수의 방정식으로 만들어진 많은 도형에 나타나며, 수학의 실용적인 측면에서 보면 매우 불편하고 까다로운 존재이다.

그렇다면 이 특이점을 없애려면 어떻게 해야 할까? 어떤 정리를 사용하면 특이점이 있는 도형을 특이점이 없는 도형으로 변환할 수 있을까? 이것이 바로 세미나에서 소개된 문제였으며, 이를 '특이점 해소'라고 불렀다.

당시 세계 수학계에 특이점 해소 이론이 전혀 없었던 것은 아니었다. 특이점은 어느 차원의 도형에서나 발생하는데, 3차원에서 발생하는 특이점까지는 이미 해소 이론이 존재했다. 그러나 그 이론은 '정리'라고 부를 정도의 수준에는 미치지 못했고, 실제로 정리로 인정받는 것은 먼 미래의 일로 여겨졌다. 아니, 그러한 정리가 실제로 존재할 수 있을지조차 의심스러울 정도였다. 이미 만들어진 3차원의 특이점 해소 이론조차 매우 난해하고, 억지로 맞춰놓은 듯한 인상을 주었기 때문이었다.

그러므로 4차원 이상의 특이점 해소는 도저히 손댈 수 없으리라는 것이 세미나에 참석한 세계 수학자들의 공통된 의견이었으며, 솔직한 심정이기도 했다. 그것은 아무도 풀어보지 못했고, 풀 수도 없을 것처럼 보이는 문제였다.

특이점 해소의 정리를 조금 신비스럽게 말하자면, 물체의 본질과 그 그림자 사이의 관계를 규명하는 것이라고 할 수 있다. 롤러코스터를 다시 예로 들자면, 특이점이 없는 롤러코스터 궤도 자체인 본질과, 특이점이 있는 롤러코스터 궤도의 그림자 사이의 관계를 증명할 수 있어야 한다. 그러한 정리가 발견되면 모든 그림자는 본질로 돌아가고, 특이점은 해소될 것이다.

여기서 당시 내가 품었던 꿈을 이야기해보겠다. 그때 나는 수학의 기술을 충분히 습득했다고 할 수도 없었고, 특별한 재능을 가지고 있지도 않았다. 그래서 이 문제를 풀어보겠다는 엉뚱한 야망은 전혀 없었다. 아무리 많은 시간을 쏟고 모든 능력을 동원해도 결국 헛수고가 될 것이라고 생각하며 체념했었다.

그럼에도 불구하고, 나는 이 문제에 상당한 매력을 느꼈다. 그것은 한 번도 만나본 적 없고, 어차피 만날 수도 없는 아름다운 여성을 짝사랑하는 감정과 비슷했다고 생각된다. 왜 그토록 매력을 느꼈을까? 그 이유를 말한다면, 사람들은 '어떻게 그런 엉뚱한 생각을……' 하고 비웃을지도 모른다.

나는 물체의 본질과 그림자 사이의 관계가, 불교에서

말하는 '부처가 사는 세계와 사람이 사는 세계의 관계와 비슷한 것이 아닐까?'라고 생각했다.

지금도 그렇지만 나는 종교, 특히 불교에 대한 지식이 그다지 많지 않다. 불전佛典이나 일반 불교서를 읽어본 적도 없고, 어렸을 때 아버지의 강요로 매일 아침 불단 앞에서 겨우 손을 모았던 것이 전부다.

그런 내가 특이점 해소라는 문제를 접했을 때, 이런 연상을 한 것은 지금 생각해도 신기한 일이다. 어쨌든 이 문제에 마음이 끌렸던 이유는 부처의 세계와 현실 세계의 관계가 이 문제와 비슷하다고 느꼈기 때문이다.

현세에서 사람들은 여러 가지 번뇌에 휩싸여 고통받고 혼란스러워한다. 번뇌란 무엇일까? 불교에서 말하는 진정한 의미는 잘 모르지만, 사람을 갈팡질팡하게 하고 고민에 빠뜨리는 것이 아닐까? 즉 불합리한 행동을 하게 만드는 욕망이나 망상 같은 것이다.

제야의 종소리가 108번 울리는 것은 인간의 '108가지 번뇌'를 없애려는 의미라고 하고, '8만 4천 번뇌'라는 표현도 있듯이, 사람은 이렇게 많은 번뇌를 안고 태어나며, 그로 인해 마음이 흔들리고, 고민하고, 괴로워하며, 과오를 범하는 것이다. 이것이 바로 인간 세상의 모습일 것이다. 모든 사람의 몸과 마음에 숨어 있는 이 번뇌 때문에 우리는 수많은 불합리와 부조리를 경험하게 되는 것이 아닐까?

그렇다면 부처의 세계는 어떨까? 부처의 세계에서는 이런 번뇌가 모두 해소되어 있다. 현세의 온갖 부조리한 모습이 그곳에서 보면 부조리하게 보이지 않고 하나의 거대한 인과 법칙에 의한 현상으로 보이는 것이 아닐까?

나는 물체의 그림자에 생기는 특이점이, 부처의 세계의 그림자인 현세에서의 수많은 번뇌와 같다고 생각했다. 따라서 특이점을 해소하는 것은, 현세의 번뇌를 해소하고 부처의 차원에 도달하여 그림자를 지배하는 인과 법칙을 찾아내는 것과 같다는 생각이 들었다.

추상적인 예라서 젊은 독자들에게는 다소 이해하기 어려울지 모르지만, 당시의 나는 수학 문제를 이렇게까지 확장해서 바라보고 있었다. 그리고 내가 현대 대수기하학의 대명제로 불리는 이 문제를 풀 수 없다는 것은 너무나 당연한 일처럼 보였다. 만약 누군가 이 문제를 풀어낸다면, 4,000년에 달하는 수학의 역사에 길이 남을 위대한 업적이 될 것이다. 그래서 나에게는 실현 불가능하고 이루기 어려운 꿈이었지만, 그 꿈을 꾸는 것만으로도 나는 가슴이 두근거리고 마음이 풍족해졌다.

그로부터 10년의 세월이 흘렀다. 결국 나는 그 꿈을 실현해냈다. 1962년에 논문을 완성하여, 1963년 미국의 수학 전문지 〈수학연보Annals of Mathematics〉에 〈표수 0인 체상의 대수다양체 특이점의 해소Resolution of singularities of an algebraic variety over a field of characteristic zero〉라는 제목으로 발표한 것이다. 이 '특이점 해소의 정리'는 20세기 수학이 이룩한 주요 정리 중 하나로, 폭넓은 응용을 포함하여 높은 평가를 받고 있다.

나중에 더 자세히 설명하겠지만, 나는 그동안 오로지 특이점 해소만을 연구한 것은 아니었다. 처음부터 내가 이 문제를 풀 수 있다고는 생각하지 않았는데, 내가 배우고 연구해온 모든 것들이 어느 순간 홀연히 특이점 해소를 향해 수렴해갔다는 것이 나의 솔직한 느낌이다. 결과적으로 나는 자신도 모르게 학생 시절 품었던 꿈에 이끌려 수학이라는 학문 세계에서 살아온 셈이다.

특이점 해소의 정리는 내가 한 수학자로서 오늘날까지 이룩한 연구 중에서 가장 대표적인 업적이라 할 수 있다.

이 책에서 나는 내가 살아온 인생에 대해 이야기하고자 한다. 50여 년을 넘는 내 인생 대부분이 수학이라는 학문과 깊이 관련되어 있으므로, 내가 이야기하려는 인생은 수학이라는 학문론이기도 하다.

'학문론'이라고 하면 조금 딱딱한 느낌이 들 수 있지만,

'특이점 해소 연구'를 정점으로 하는 나의 학문과 인생을 되돌아보며, '배운다는 것'과 '창조한다는 것'에 대해 경험하고 느낀 바를 이야기하고자 한다.

나는 기회가 있을 때마다 젊은이들에게 이렇게 말한다.
"창조하는 인생이야말로 최고의 삶이다."

그러면 창조란 무엇인가? 창조에 있어 중요한 것은 무엇일까? 창조는 어떻게 생겨나는가? 창조의 기쁨이란 무엇인가?

이는 "사랑의 기쁨이란 무엇인가?"라고 묻는 것만큼이나 어려운 질문이다. 그러나 나는 창조의 기쁨 중 하나는, 자신 속에 잠자고 있던, 미처 생각하지 못했던 재능이나 자질을 찾아내는 기쁨, 즉 새로운 나를 발견하고, 더 나아가 나 자신을 더 깊이 이해하는 기쁨이라고 말하고 싶다.

그러기 위해 먼저 '배운다'는 것에 대해 언급할 필요가 있다. 왜냐하면 천재가 아닌 나 같은 보통 사람이 무언가를 창조해내기 위해서는 그 이전에 '배운다'는 단계를 반드시 거쳐야 하기 때문이다. 창조하려면 먼저 배워야 한다. 이는 비단 학문의 세계에만 국한된 이야기가 아닐 것이다. 이제 내가 무엇을 어떻게 배웠는지, 그 이야기를 해보겠다.

평범하고 친근한 나의 스승들

"천재도 스무 살 넘으면 보통 사람"이라는 말이 있다. 어렸을 때 천재라고 소문났던 사람이 성장한 후에 보통 사람이 되어버리는 예는 과거에도 허다했다. 그러나 어려서부터 천부적인 재능을 나타내고, 성장해서 순수수학, 응용수학, 기타 학문 분야에서까지 헤아릴 수 없이 많은 업적을 남긴 독일의 수학자 카를 프리드리히 가우스Carl Friedrich Gauss와 같은 천재들도 적지 않다.

나는 30년 남짓 수학이라는 학문 세계에서 살아오면서 가우스 같은 생명력이 긴 천재를 몇몇 만날 기회가 있었다. 그때마다 "신은 왜 이렇게 장난을 좋아할까?" 하고 탄식하곤 했다. 재능을 모든 사람에게 평등하게 주지 않은 것을 신의 장난이라고 한다면 너무 지나친 말일까?

세상은 참으로 넓다. 나는 26세에 미국의 하버드대학교에 유학을 간 후부터 오늘날까지 세계 도처에서 무의식중에 오한을 느낄 정도의 천재들을 몇 사람 만나보았다.

그런 경험 중의 하나가 '필즈상' 수상자를 접할 때였다. 필즈상은 캐나다의 수학자 존 찰스 필즈John Charles Fields의 유언에 따라서 만들어진 것으로 수학 분야에서 획기적인 업적을 이룬 학자에게 4년에 한 번씩 주어진다. 이 분야에서는 가장 영예롭게 여겨지는 상으로 노벨상에 수학 부문이 없기 때문에 수학계의 노벨상이라고도 불린다.

그러므로 26세에 이 상을 수상한 사람이 있다는 것은 무척 놀라운 일이다. 나는 운이 좋아 1970년에 이 상을 받았다. 당시 내 나이는 37세로 이 상의 수상자는 40세 미만인 사람에게만 수여한다는 연령 제한이 있어, 나는 최고령 수상자라고 할 수 있다.

여담이지만 하버드대학교에서 박사학위를 받았을 때도 같은 해에 탄생한 박사 중에서 나는 제일 나이가 많았다. 그중에는 나보다 일곱 살이나 아래인 22세의 학위 취득자가 있었다. 그래서 나는 졸업식장 한구석에 조용히 앉아 있을 수밖에 없었다. 그 대학에서는 19세에 박사학위를 받은 사람도 있었다. 참으로 이 세상에는 천재들이

헤아릴 수 없이 많다.

그런데 이런 천재들의 인생이 보통 사람들의 인생과는 전혀 무관하고, 보통 사람인 우리가 배울 것이 아무것도 없다고는 생각하지 않는다. 가령 아이작 뉴턴Isaac Newton이나 알베르트 아인슈타인Albert Einstein의 전기에서 그들의 위대함을 읽을 수 있음은 말할 것도 없고, 더 나아가 우리의 삶에 도움이 될 만한 것들이 산재해 있음을 알 수 있다. 그것을 받아들이고 우리의 인생에 적용하는 것이 그렇게 불가능한 것만은 아니다.

나 역시, 책을 통해 천재나 위인의 인생을 들여다보고 많은 것을 배웠다. 그러나 그것보다는 과거 50여 년 동안 일상생활에서 만난 여러 무명의 사람들로부터 살아가는 자세 같은 것을 더 많이 배웠다고 생각한다. 가까이 지내던 많은 사람이 내 인생의 스승이었다.

책을 통해 위인의 삶을 접하는 것은 젊은이들에게는 대단히 중요한 일이다. 그러나 그것 못지않게 생활의 주변에 있는 사람들, 예를 들면 부모나 친구 가운데서도 소중한 인생의 스승이 있다는 것을 잊어서는 안 된다. 따라서 내 주변에 있는 친근한 사람들에서부터 이야기를 시작하려고 한다.

근면하고 독립적인 장사꾼, 아버지

　성장기 인간에게 가장 친근하고 구체적인 성인의 모델은 부모님이다. 부모님을 존경하든 그러지 않든, 이 사실을 부정할 사람은 없을 것이다.

　부모는 크게 두 유형으로 나뉜다. 한쪽은 자식들에게 존경받는 부모가 되기 위해 자신의 결점을 감추고 늘 좋은 점만 보이려고 하는 부모이고, 다른 한쪽은 자식 앞에서 그대로의 모습을 드러내는 부모이다. 후자의 경우는 장단점을 감추지 않을 뿐 아니라 힘들 때는 힘든 대로, 고민이 있다면 그것을 자식들에게 이야기하고, 지쳤을 때는 그대로 흐트러진 모습을 보여준다.

　어느 쪽 부모가 자식들에게 더 좋은 본보기가 될까? 나는 후자, 즉 있는 그대로의 모습을 보여주는 부모가 자식들에게 더 많은 것을 가르친다고 생각한다.

나의 부모님이 그러셨다. 돌이켜보면, 나는 부모님으로부터 지금까지 내 인생을 지탱해온 무엇과도 바꿀 수 없는 소중한 것들을 배웠다. 아버지 히로나카 타이스케廣中泰轉는 야마구치현 동쪽 끝에 있는 구가군 유우마치라는 곳에서 장사를 하는 상인이었다. 유우마치는 온화한 세토내해가 바라다보이는 해변의 작은 마을인데, 나는 그곳에서 태어나고 자랐다.

아버지는 동네에서 직물 도매상과 공장을 경영하고 있었다. 아버지는 당시 시골에서는 고등교육이라고 생각되는 중학교에 진학하려고 했지만, 13세 때 할아버지가 돌아가시자 할머니를 부양하기 위해 견습공으로 일을 시작하여 나중에 상인으로 성공했다.

견습 점원으로 출발한 아버지가 '주인 나리'라고 불릴 정도로 많은 재산을 모으기까지는 분명히 나름대로 많은 고생을 하셨을 것이다. 그렇지만 아버지는 지난 시절의 고생한 이야기를 하지 않으셨기 때문에 나는 과거의 어려웠던 일들을 거의 알지 못한다.

직물 공장은 경기가 좋을 때는 50여 명의 공원(공장의 노동자)이 하루 종일 일해서 제품을 대만이나 중국 본토에 수출하기도 했다. 아버지는 또 3,500평 정도의 농토를 소유한 부재지주不在地主이기도 했다. 우리 시골에서는 '부자' 앞에 '대大' 자를 붙인다. 그런 집안에서 나는 자랐다.

나는 만주사변이 일어난 1931년에 태어나, 물질적으로 부족함이 없는 어린 시절을 보냈다. 여담이지만, 당시에는 웬만한 부잣집이 아니면 우유를 마실 수 없었는데, 나는 국민학교에 다닐 때 매일 점심시간마다 어머니가 가져다주시는 우유를 마셨다. 오르간도 우리 집에만 있었던 것으로 기억한다. 이렇게 생활은 비교적 풍족했다.

그러나 전쟁이 끝날 무렵부터 우리 집은 급격히 불운에 휘말렸다. 패전과 함께 아버지가 소유한 남만주 철도와 대만제당의 수많은 주식이 휴지 조각이 되어버렸고, 원료를 구할 수 없게 되어 직물 공장도 문을 닫고 말았다. 우리 집의 몰락을 결정적으로 가속화시킨 것은 1946년부터 시행된 농지개혁이었다. 부재지주였던 아버지는 3,500평의 농지를 공짜나 다름없는 3,500엔 정도에 매각하도록 강요당했으며, 설상가상으로 엔화 절하까지 겹쳤다.

아버지가 고생해서 쌓아 올린 재산은 순식간에 물거품처럼 사라지고 말았다. 직물 공장은 이미 남의 손에 넘어간 뒤였고, 건평이 150평이나 되던 집과 대지는 막대한 재산세를 내기 위해, 그리고 전쟁 후 인플레이션 속에서 아직 어린아이들이 10명이나 되던 가족의 생계를 위해 차례차례 헐값에 팔려나갔다. 지금은 보잘것없는 땅과 건물만 남아 있을 뿐이다.

역경은 뜻하지 않게 찾아오는 법이다. 이처럼 생존마저 위협할 정도의 사건이 언제 어디서 일어날지는 아무도 알 수 없다. 생존을 위협하는 것은 단순히 먹고 사는 문제일 수도 있지만, 정신적인 깊은 고뇌일 수도 있다.

그러나 한 인간의 진정한 가치는 이러한 역경에 처했을 때 어떻게 대처하느냐에서 드러난다. 동서고금을 막론하고 위대한 인물들은 반드시 한 번쯤 고난의 시기를 겪으며, 이를 이겨냄으로써 희망의 빛을 맞이하게 된다. 그때가 바로 아버지에게는 불운의 시기였던 것이다.

그러나 아버지는 크게 당황하지 않으셨고, 그처럼 사방이 막힌 상황에서도 특유의 방식으로 대처하셨다. 행상을 시작하신 것이다. 전에는 입지도 않던 허름한 옷을 입고, 형편없는 반찬으로 도시락을 싸서, 매일 아침 일찍 자전거에 직물을 싣고 가까운 동네나 시골로 행상을 다니셨다. 어제까지 '주인 나리'로 불리던 사람이 집집마다 찾아다니며 머리를 숙이고 싸구려 직물을 팔게 되었으니, 아버지를 아는 사람들에게는 매우 이상하게 보였을 것이다.

그렇지만 아버지는 태연하셨다. 이전과 다름없이 '나를

보아라' 하는 듯한 자신만만함을 보이시며, 생활력 가득한 자세를 유지하셨다. 강한 척하시는 것이 아니라, 실제로 만만치 않은 생활력을 갖고 계셨다. 비록 행상하는 처지가 되었지만, 그 어느 것도 아버지로부터 삶에 대한 자신감을 빼앗아 갈 수는 없었다.

아버지의 자신감은 과연 무엇이었을까? 그것은 이제까지의 삶을 통해 몸에 밴 생활 철학에서 우러나온, 스스로 먹고 사는 것이 세상에서 가장 소중하고 강력하다는 확신에서 비롯된 자신감이었을 것이다.

한 번은 이런 일이 있었다. 전쟁이 끝난 직후, 고등학교 학생이었던 나는 아르바이트로 토목 공사장에서 일을 했었다. 산의 나무를 많이 벌채했기 때문에 큰비가 내리면 물이 넘쳐 둑이 무너지곤 했다. 그래서 둑의 수리 공사가 자주 있었다. 그때는 우리 집이 아직 완전히 몰락하기 전으로, 가재도구를 팔아가며 생계를 유지하던 시기였으므로 단순히 호기심으로 친구와 함께 그 일을 했다.

한 달 정도 어른들 틈에 끼어 일을 한 후 봉급을 받았다. 물론 많은 금액은 아니었지만, 그 돈을 가지고 돌아온 날 아버지의 기쁨은 대단하셨다. 아버지는 "이것이 네가 처음 네 손으로 번 돈이라니……. 정말 기쁜 일이다"라며 봉급을 불단에 올려놓고, 나를 옆에 앉히고 "자, 기도하자"고 하셨다.

  그때 나는 얼마 안 되는 돈을 벌었을 뿐인데, 굳이 그렇게까지 할 필요가 있을까 하고 생각했다. 아버지의 과한 반응이 이해되지 않았다. 그러나 지금 생각해보면, 스스로 땀 흘려 벌어온 돈이 금액과는 상관없이 아버지에게는 기도할 가치가 있는 일이었다고 여겨진다.

  '산다'는 것은 스스로 벌어서 자기 힘으로 살아가는 것이다. 누구에게도 의존하지 않고 혼자의 힘으로 살아가기 위해서는 남들이 어떻게 생각할지, 남에게 어떻게 보일지를 신경 쓸 여유가 없다. 그러한 태도야말로 인간의 가치이며 힘이라는 인생관을 아버지는 생활의 위기를 통해 몸소 보여주셨다.

  나는 일생 동안 돈 버는 것과는 거리가 먼 학자로 살아왔지만, 아버지의 그러한 처신을 무의식중에 배우고 내 인생에 실천하며 살아왔다.

  이렇게 말하면 내가 아버지를 한없이 존경했다고 생각할 수 있겠지만, 항상 그랬던 것은 아니다. 나를 상인으로 키우려 했던 아버지에게 반발하며 정면으로 반항한 적도 있었다. 그러나 나도 모르게 아버지로부터 받은 정신적 유산을 이어가고 있다.

  좋든 나쁘든 간에 부모는 자식에게 있어서 어떤 교과

서에도 쓰여 있지 않은 살아 있는 본보기이며, 자식은 무의식중에 부모의 인생관에 영향을 받게 마련이다. 그 누구보다 가까운 부모의 자연스러운 모습에서 무언가를 의식적으로, 적극적으로 배우려고 한다면, 훗날 인생을 뒷받침해줄 소중한 것들을 많이 얻을 수 있을 것이다.

어머니가 일깨워준 생각하는 기쁨

 자신에게 엄격하고 남에게 관대한 사람은 드물다. 대부분의 사람들은 자신에게 엄격하면 남에게도 엄격하기 마련이다.

 아버지는 자식들에게 엄격한 분이셨다. 아버지가 스무 살 즈음에 스스로 만들어 평생 지켜오시다가, 만년에 우리에게 보여주신 가훈이 있다.

 "자선음덕慈善陰德을 중히 하도록 명심하라."
 "검소하게 생활하고 근검의 미덕을 발휘하도록 전념하라."
 그와 같은 말들이 몇 줄에 걸쳐 쓰여 있었다.

 아버지는 '주인 나리'라고 불리던 시절인 1924년에 1만 엔의 교육 기부금을 내어, 그 이자로 매년 마을의 3개 국민학교의 6학년 학생 5명과 선생님이 함께 가는 '이세 지방 신사 참배 여행 제도'를 만들었다. 가훈을 읽었을 때, 나는 이 일이 자선과 음덕의 조항을 실행한 것이라는 생각이 떠올랐다.

아버지는 자신에게도 그랬듯이 남에게도 똑같이 엄하셨다. 그것은 자식들에 대해서도 마찬가지였다. 본래 상인이었던 아버지는 첫째로 낭비를 엄하게 훈계하셨다.

언젠가 어머니께서 과자를 많이 사오신 적이 있었다. 우리는 모두 좋아했다. 어머니가 먼저 아버지께 드리라고 하셔서 과자를 드렸더니, 아버지는 우리가 보는 앞에서 과자를 집어던지며 "과자 살 돈이 있으면 쌀을 사서 아이들에게 먹여야지"라며 어머니께 언성을 높이셨다. 그때 나는 고등학생이었고, 내 밑으로 8명의 동생들이 있었다. 아버지가 못마땅하게 느껴졌고, 어머니가 불쌍하게 생각되었다.

또한 아버지는 쓸데없는 일에 시간을 쓰는 것을 인정하지 않으셨다. 아버지에게 쓸데없는 일이란 한마디로 말해서 이익이 생기지 않는 것이었다. 자식들이 입시를 위해서 공부하는 것도 아버지에게는 쓸데없는 짓이었다.

"대학은 공부하지 않더라도 합격할 수 있는 사람만 가는 곳이다."

아버지는 이렇게 말씀하셨다. 방과 후 집에 있는 나

를 보기만 하면 "같이 거름통을 들자" 하시며 나를 밭으로 끌고 나가기 일쑤였다. 그래서 나는 조그만 책상을 들고 아버지의 눈에 띄지 않는 곳, 예를 들면 이불장 같은 곳에 들어가 손전등을 켜고 책을 봐야만 했다. 그 밖에도 아버지는 예의범절에 유난히 엄하셨다.

이런 아버지를 둔 자녀들은 비뚤어지기 쉽다고들 한다. 실제로 그런 예를 쉽게 볼 수 있다. 그러나 우리 형제들은 그런대로 비뚤어지지 않고 올바르게 성장했다. 그것은 절대복종을 강요하며 군림해온 아버지로부터 우리를 보호해주신 어머니가 계셨기 때문이다.

《스포크 박사의 육아서Dr. Spock's Baby and Child Care》라는 유명한 책을 쓴 미국의 벤저민 스포크Benjamin Spock는 "아이들의 성장에는 절대적으로 자기편에 서주는 사람이 가까이 있는 것이 중요하다"고 말했다. 나의 어머니는 스포크 박사가 말하는 '절대적인 자기편'인 셈이었다.

이렇게 말하면 어머니가 우리를 세심하게 일일이 돌보며 키운 것으로 생각될지 모르지만, 사실은 그 반대였다. 어머니는 오히려 우리를 키우면서 '자유방임'의 자세를 일관되게 보여주셨다. 어떤 확고한 교육적 이념 때문이라기보다는, 필연적으로 아이들에게 자유를 줄 수밖에 없는 형편이었기 때문이다.

나의 어머니 히로나카 마쓰에廣中アツエ와 아버지는 두 분 모두 배우자와 사별하고 재혼하신 처지였다. 처제였던 어머니가 히로나카 집안에 시집을 온 것이다. 어머니에게는 태어난 지 얼마 안 된 아이가 있었고, 히로나카 집안에도 남자아이 둘을 포함해 4명의 아이가 있었으므로, 어머니는 시집오자마자 5명의 아이를 두게 되었다. 이후 두 분 사이에서 10명의 아이가 태어나, 어머니는 총 15명의 아이를 돌보게 되었다.

집집마다 아이가 많던 시절이었지만, 15명은 많아도 너무 많은 편이었다. 그로 인해 어머니의 고생이 얼마나 심했는지는 굳이 말하지 않아도 짐작할 수 있을 것이다. 집안이 풍족했을 때는 간부 직원이 두서너 명, 말단 일꾼이 세 명 정도 있어서 그럭저럭 집안일과 아이를 돌보는 데 어려움이 없었겠지만, 가세가 기울고 나서는 직원들이 없어져 엄청난 고생을 하셨다. 그런 상황에서 15명의 아이들을 하나하나 정성스럽게 키우는 것은 불가능했으며, 어머니는 자연스럽게 자유방임주의자가 될 수밖에 없었다.

어머니는 예의범절도 그다지 까다롭지 않고, 아이들이 하고 싶어하는 것, 되고 싶다는 장래 희망에 대해서 늘 "그래, 그래"하고 찬성해주셨다. 그러나 100퍼센트 자유방임주의자는 아니어서 아이들을 키우는 데 나름대로 일정한 기준을 가지고 있었다.

어머니가 만든 기준이란 어떠한 경우라도 최악의 사태만은 피해야 한다는 것이다. 어떤 것이 최악의 사태인가? 예를 들면 자식이 죽는다는 것이 어머니로서는 최악의 경우였다.

내 형들 중 한 사람은 뉴기니에서, 또 한 사람은 중국에서 22세, 23세의 나이로 전사했다. 그러나 나머지 13명은 지금까지 건재하다. (나는 15명 중 일곱 번째인 4남이고, 재혼한 부부 사이에서는 두 번째로 태어난 장남이다.) 현재 78세이신 어머니는 이 사실을 늘 자랑스럽게 말씀하신다.

물론 13명의 아이들 중에는 크게 다친 아이도 있었다. 나도 8세 때 찬장 위에 있는 과자를 몰래 먹으려고 유리창을 타고 오르다가 유리창을 깨뜨려 크게 다친 적이 있다. 그때 생긴 상처가 지금도 흔적으로 남아 있을 정도로 중상이어서, 어머니는 "죽지 않은 게 다행이다"라고 하셨다. 다치더라도 죽지 않으면 된다는 것이 어머니의 가장 중요한 기준이었고, 그 덕에 13명의 아이들이 그럭저럭 살아온 것이 어머니의 자랑거리였다.

어머니는 늘 이런 식이었다. 성적이 안 좋아도 학교만 잘 다니면 된다. 훌륭한 사람이 못 되더라도 남을 해치거나 가족을 괴롭히지 않으면 된다. 어쨌든 최악의 사태만 피하면 된다고 생각하셨다.

어머니의 이러한 교육 방법이 일반적으로 좋은지 나쁜지는 잘 모르겠다. 그러나 고등학교와 대학에 다니는 자식을 둔 나 자신을 돌이켜보면, 나도 어머니와 같은 방식으로 자식들을 키워온 것 같다. 아니, 부모로서뿐만 아니라 학자로서도 최악의 사태만 피하면 된다는 사고방식을 늘 가지고 살아왔다. 나도 모르게 어머니에게서 배운 것이다.

어머니로부터 또 하나 배운 것이 있다. 무엇을 생각하든, 그 생각 자체가 뜻이 있고 가치 있다는 것이다.

어렸을 때, 누구나 그렇듯이 나도 어머니에게 여러 가지 질문을 하곤 했다. 다섯 살 때였던 것으로 기억되는데, 목욕을 하면서 어머니에게 "물속에서는 왜 손이 가벼워지지요?"라고 물었다. 어머니는 소위 말하는 인텔리와는 거리가 먼 분이셨다. 아버지와 마찬가지로 학문과는 전혀 관계없는 삶을 살아오신 어머니로서는 내 질문에 대답할 지식이 없으셨다.

"목소리는 어디서 어떻게 나오지요?"

"코로 어떻게 냄새를 맡지요?"

"작은 눈으로 어떻게 큰 집이나 경치를 볼 수 있지요?"

나의 여러 가지 질문에 어머니는 명확하게 대답을 할 수가 없으셨다. 그러나 "모르겠다"라는 말은 절대 하지 않으셨다. "그런 시시한 것 생각하지 않아도 돼"라면서 화를 내는 일도 없으셨다.

"글쎄 왜 그럴까?"

어머니가 머리를 갸우뚱하시면 나는 다시 물었다.

"어떻게 하면 알 수 있을까요?"

"커서 공부하면 알 수 있을 거야"라고 하면서 어머니는 같이 생각해주셨다.

아무리 생각해도 도대체 답이 안 나올 때, 어머니는 동네에 있는 신사神社의 신주神主(신에게 제사 지낼 때 중심이 되어 제사를 주재하는 사람)에게 데려가거나 친분이 있는 의사에게 찾아가기도 했다. 신주나 의사는 당시 시골 동네에서는 흔치 않은 지식인이었다. 어머니가 그들을 찾아가서 "이 아이가 이런 질문을 하는데 좀 설명해주세요" 하고 부탁하신 덕분에 나는 다 이해하지는 못해도 일단은 답을 얻곤 했다.

이러한 경험을 되풀이하는 동안에 나는 '생각한다는 것은 그 자체에 의미가 있다'는 것을 알게 되었다. 어머니는 나에게 생각하는 기쁨을 체험을 통해서 가르쳐주신 것이다. 이것은 학자로서뿐만 아니라 한 인간으로서 내가 살아가는 데 무엇과도 바꿀 수 없는 귀중한 재산이 되었다.

다시 말하지만, 나의 어머니는 평범한 분이셨다. 학식으로만 따지자면 다른 보통 어머니들보다 나을 것이 전혀 없는 분이셨고, 아이들의 인생에 도움이 될 만한 것을 일부러 가르치려 하신 분도 아니었다. 일정한 기준만 지키면 나머지는 무엇을 하든, 무엇이 되든 상관없다는 자유방임형의 입장을 취할 수밖에 없으셨다. 그러나 그런 어머니에게도 배우려는 마음만 있으면 얼마든지 소중한 것을 배울 수 있는 법이다.

깊이 생각하라

 부모는 선택할 수 없지만, 친구는 선택해서 사귈 수 있다. 친구를 선택하는 방법은 사람마다 다르지만, 선택한 친구에 따라 자신의 인생이 크게 달라질 수도 있다. 친구는 부모만큼 가깝지는 않지만, 인생에 좋은 영향을 줄 수도 있고, 나쁜 영향을 미칠 수도 있다.
 지금도 그렇지만, 나는 항상 가까운 곳에서 존경할 만한 인물을 찾았고, 그 사람에게서 무언가를 배우려고 해 왔다. 의식적으로 배우려 했던 것은 아마도 중학교 때부터였던 것 같다. 내 성격 때문이기도 했겠지만, 꼭 성격 탓만은 아니었다.
 재능을 타고났거나 학구적인 가정에서 자라난 아이는 모르겠지만, 평범한 머리와 가정환경을 가진 아이가 공부를 해나가려면, 그 방법밖에 없다고 깨달았기 때문이다. 지금 생각해봐도, 나 같은 사람에게 가장 적합한 배움의 방법이었다고 느낀다.

사람과의 만남에는 운이 따르듯이, 친구와의 만남도 운이 따른다. 그런 면에서 나는 행운아였다. 중학교에 들어가면서 좋은 친구들을 사귈 수 있었고, 그 친구들은 내 학문과 인생에 오랫동안 도움이 되는 중요한 것들을 가르쳐주었다.

전쟁이 한창이던 1944년 4월에 나는 유우마치에서 기차로 35분 걸리는 야마구치현립 야나이중학교에 입학했다. 당시 중학교는 4년제였는데(5년으로 졸업해도 된다) 전쟁이 끝난 뒤 얼마 안 되어 학교 제도가 개편되었다. 따라서 나는 중학교 4년을 수료한 1948년 4월에 고등학교 2학년으로 진학하였다. 즉 구학제로 야나이중학교에 4년, 신학제로 야나이고등학교에 2년 다니고 이 고등학교 1회 졸업생이 되었다.

그 시절 나와 가까이 지냈던 친구 중에 후지모토 시게루藤本繁라는 같은 반 학생이 있었다. 그는 성적이 뛰어난 편은 아니었지만, 학교에서 눈에 띄는 존재였다. 과묵한 성격 탓에 누구와도 이야기하지 않고, 늘 고립된 채 깊은 생각에 잠겨 있는 듯한 분위기를 풍겼다. 이 때문에 후지모토는 '괴짜'라는 별명을 얻었다. 말없이 혼자 지내는 모습이 오히려 사람들의 시선을 끌었다. 나는 왠지 그런 그에게 관심이 갔고, 자연스럽게 다가가 이야기를 나누는 사이가 되었다.

지금도 그렇지만, 나는 매우 개방적이며 누구와도 이야기하는 것을 좋아하는 성격인 반면, 혼자서 사색하는 것을 좋아하는 면도 있다. 이런 점이 후지모토와의 우정을 가능하게 했던 것 같다. 후지모토 역시 나의 이런 면모 때문에 나와 친구가 되었을 것이다.

우리는 통학길에 '철학이란 무엇인가?', '예술은 사회에 어떻게 도움이 되는가?'와 같은 주제에 대해 함께 이야기하고 고민했다. 내가 "쇼팽의 음악은 아름다운 음의 조합이다"라고 말하면, 그는 잠시 생각에 잠긴 후 "아니야, 쇼팽만큼 정감 있는 음악을 만들어내는 작곡가는 없어"라고 답하곤 했다. 내가 "그러면 정감이란 무엇이냐?"라고 물으면, 그는 또다시 잠시 생각에 잠겼다. 우리의 대화는 항상 그런 식이었다.

현실과는 동떨어진, 다시 말해 철학적인 문제에 대한 서로의 생각과 의견을 주고받는 것이 우리의 주된 대화 내용이었다. 후지모토는 유우마치역 바로 전 정거장인 고지로역에서 매일 아침 기차를 타고 왔다. 우리는 기차

안에서나 학교로 가는 길에서도 간간이 철학적인 이야기를 나누었다. 학교 공부와는 무관한, 뜬구름 잡기식의 주제였지만, 우리에게는 매우 진지하고 중요한 문제였으며, 둘 다 깊이 생각하는 것을 즐겼다.

최근 철학자 우메하라 타케시梅原猛와 대담할 기회를 가졌다. 우메하라가 필즈상을 받은 나의 이론을 이해할 수 없다고 해서, 나는 '특이점 해소'를 앞에서 언급한 불교의 예로 설명했다. 그러자 그는 "정말 철학적인 이야기군요. 철학적인 이야기를 수학으로 증명하는 것 같아요. 존재론이군요"라고 말했다. 이에 나는 이렇게 답했다. "수학은 최종적인 이론으로 정립되기 위해 문제를 점점 제한하고 정식화定式化해야만 증명이 가능합니다. 하지만 수학의 출발점도 결국 인간의 생각에서 비롯되므로, 그 배경에는 항상 모호한 부분이 남아 있습니다. 그렇기 때문에 수학 역시 철학이라 할 수 있습니다."

수학이라는 학문은 결국 그 사람의 철학에서 출발한다. 젊은 시절, 후지모토와 함께 학교 공부에서 벗어나 철학적인 이야기를 나눌 수 있었던 것이 나의 학문적 성장에 큰 도움을 준 셈이다.

다시 이야기의 줄거리를 따라가 보면, 나는 어머니로부터 생각하는 기쁨과 사고 그 자체의 가치를 배웠고, 후지모토와의 대화를 통해 깊이 생각하는 힘을 키웠다고 확신한다.

깊이 생각해야 한다고 해서 무엇이든지 무분별하게 생각하는 것은 바람직하지 않다. 눈으로 보고 귀로 듣는 모든 것을 깊이 생각하는 것은 비효율적이다. 그러나 누구에게나 긴 인생에서 깊이 생각해야 하는 때가 몇 번 있게 마련이다.

예를 들어, 나의 아버지가 겪으신 것과 같은 생활상의 위기가 다른 사람에게는 절대 일어나지 않을 것이라고 단언할 수는 없다. 또 자신이나 가족 중 누군가가 죽음을 택할 정도로 심각한 과오를 저질러 깊은 상심에 빠지는 일이 결코 일어나지 않을 것이라고도 말할 수 없다.

어려움이란 누구에게나 일어날 수 있으며, 이때야말로 깊이 생각하는 힘이 요구된다. 어디서부터 어떻게 손을 써야 좋을지 전혀 알 수 없을 때, 혹은 다시 일어설 가능성이 전혀 없을 때, 의지할 수 있는 것은 자신의 깊은 사고력뿐이라고 생각한다.

후지모토와의 대화를 통해 배운 깊이 생각하는 힘을 나는 내 인생에서 활용해왔다. 블레즈 파스칼Blaise Pascal은 "인간은 생각하는 갈대"라고 말했다. 누구나 생각하지만, '지금이다' 하는 결정적인 순간에 더욱 깊이 생각할 수 있는 힘을 기르는 것은 중요하다. 그런 소양은 부모님 곁을 떠나기 전에 반드시 길러야 할 것이다.

    우리가 공부하는 목적 중의 하나도 사실은 이런 사고력을 기르는 데 있는 것이다.

왜 배워야 하는가

 사람은 왜 공부를 해야 할까? 앞서 사고력을 기르기 위해서라고 말했지만, 사실 나도 그 답을 정확히 알지는 못한다. 모르면서도 공부해왔다고 하는 편이 더 맞을 것이다. 그러나 학생들에게서 이런 질문을 받을 때마다 내가 늘 대답하는 말이 있다. 이제 그 이야기를 해보고자 한다.

 인간의 두뇌는 과거의 사건들뿐만 아니라 과거에 얻은 지식도 깨끗이 잊어버리도록 되어 있다. 기억한 것을 잊는 능력은 컴퓨터나 로봇에게는 없는, 인간만의 장점이자 단점이다.

 인간 특유의 망각이 장점이 되는 경우도 많다. 일상생활을 하면서 잊어버려도 아무 지장이 없는 사소한 일들이 기억에서 사라지지 않거나, 좋지 않은 사건이나 불쾌

했던 일들이 잊히지 않는다면, 사람은 신경쇠약에 걸리거나 심한 경우 정신병원에서 여생을 보내게 될지도 모른다. 잊을 수 있는 능력은 이러한 점에서 매우 소중한 것이라 할 수 있다.

그렇다면 망각이 단점으로 작용하는 경우는 언제일까? 예를 들어, 고등학교 때 얻은 지식을 대학에 들어가서 잊어버리거나, 대학에서 배운 내용을 취직한 후 잊어버리는 경우가 있다. 또는 자격증을 따기 위해 힘들게 공부한 지식을 자격증을 따자마자 잊어버리는 경우도 망각의 단점이다. 이렇듯 열심히 공부해도 결국 잊어버리게 되는 것을 왜 해야만 하는가 하는 문제가 제기된다.

나는 그러한 질문을 하는 학생들에게 "그것은 지혜를 얻기 위해서가 아닐까?"라고 대답할 것이다. 즉 공부하는 과정에서 눈에는 보이지 않지만 살아가는 데 있어 대단히 중요한 지혜라는 것이 만들어진다고 생각한다. 이 지혜가 만들어지는 한 공부한 것을 잊어버린다 하더라도 그 가치는 여전한 것이다.

결과적으로, 배우는 것은 낭비가 아니다. 그러므로 많이 배우고 많이 잊어버리고, 다시 많이 배우라고 말하고 싶다.

그러면 도대체 지혜라는 것은 무엇인가? 그것은 대단

히 애매하기 때문에 쉽게 분석하기는 힘들지만 인간의 어디에서 만들어지는가는 확실하다. 지혜는 두뇌에서 만들어진다. 그렇다면 지혜가 두뇌의 구조와 어떤 관계가 있으리라는 추측을 할 수 있다. 인간 두뇌의 특성을 밝히기 위해서는 원숭이 같은 동물의 두뇌보다는 컴퓨터나 로봇과 비교하는 것이 쉽고 빠를 것이다.

앞에서 내가 잊어버린다는 것은 컴퓨터나 로봇에는 없는 인간 특유의 능력이라고 말했다. 그러나 그것은 정확한 표현이라고 할 수 없다. 인간의 두뇌는 140억 개의 세포로 구성되어 있고 과거에 일어난 일이나 습득한 지식을 그 속에 축적하고 있다. 다만 컴퓨터는 기억한 것을 자유자재로 100퍼센트 끄집어낼 수 있는데 인간의 두뇌는 기억한 것의 극히 일부분밖에 끄집어내지 못한다. 그러나 뇌에 수많은 정보를 축적하고 있는 것은 엄연한 사실이다. 따라서 사람은 '잊어버리는' 것이 아니라 '정보를 뇌에 축적한 후에 끄집어내지 못할 뿐'이라고 하는 것이 보다 정확한 표현일 것이다.

이것을 나는 인간만이 가지고 있는 '여유'라고 생각한다. 이 경우의 '여유'는 수학적인 의미로서의 '여유'다. 즉 '바로 꺼내 쓸 수 있는' 정보는 얼마 되지 않지만 방대한 양의 정보가 '바로 꺼내 쓸 수 없는 형태'로 뇌에 축적되어 있는 것이다. 전자에 대한 후자의 비율의 크기를 '여유'라고 부른다.

지혜라는 것은 사실 사람의 두뇌에 있는 이 여유에서 만들어진다. 예를 들어 문과 학생이 졸업 논문을 쓰는데 고등학교 때 배운 수학의 인수분해를 꼭 사용해야 할 필요가 생겼다고 하자. 그런데 그는 그동안 문과 공부만 해왔기 때문에 인수분해를 완전히 잊어버렸다. 어떻게 하면 좋을까? 도서관에 가서 찾아보든지 이과 친구에게 물어보든지 어떤 방법을 강구할 것이다.

그가 인수분해를 다시 공부하자마자 '아, 그렇군. 이런 거였지' 하며 과거에 배운 내용이 떠오를 것이다. 이는 고등학교 시절 배운 인수분해에 대한 기초 지식이 그의 머릿속에 무의식적으로 자리 잡고 있기 때문이다. 따라서 인수분해에 대해 전혀 모르는 사람이라면 이해하는 데 많은 시간과 노력이 필요했겠지만, 그는 단번에 이해할 수 있다.

이와 같이, 바로 꺼내 쓸 수 없는 형태로 뇌에 축적된 지식은 영원히 사라지는 것이 아니라, 약간의 자극과 기회만 제공하면 언제든지 꺼내 쓸 수 있다. 이는 인간의 두뇌에 '여유'가 있기 때문에 가능한 일이다.

지혜에는 이런 측면이 있는데 나는 이것을 '지혜의 넓

이'라고 부른다. 이 지혜의 넓이는 계속 공부하고 잊어버리는 사이에 두뇌에서 자연스레 키워진다. 인간의 두뇌는 컴퓨터와 달리 넓은 시야로 상황을 보고, 깊이 생각할 수 있다. 즉, 너그럽게 받아들이거나 용서하는 등의 사고 태도를 가질 수 있다. 예를 들어, 컴퓨터에 영화를 보여주어도 컴퓨터는 그것을 감상할 수 없다. 하나하나의 영상들을 독립된 화면으로만 인식할 뿐, 장면들이 연속적으로 이어지는 흐름을 이해하지 못하기 때문이다.

그러나 인간은 하나의 영상을 보면 그 이미지를 뇌에 확실히 남기고, 영상 사이의 짧은 시간을 무시하여 다음 영상과 자연스럽게 연결할 수 있다. 이는 인간의 두뇌가 때로는 민감하게 반응하고, 때로는 둔하게 움직이며 자극에 대한 반응의 여운을 남기는 특성을 갖고 있기 때문이다.

이처럼 인간의 두뇌는 불연속적인 것을 연속적으로 읽어내는 능력이 있다.

인간 두뇌의 이러한 관용성은 사리를 판단할 때도 발휘되는데, 그중 하나가 바로 연상聯想이다. 예를 들어, 시나 격언 같은 문장을 읽을 때, 먼저 그 문장에서 떠오르는 다른 단어들을 생각나는 대로 열거하고, 그런 다음 열거된 단어들 중 몇 개를 조합해 새로운 표현을 만들어본다. 그런 뒤에 원래의 문장을 다시 읽어보면, 더 깊고 새롭게 그 의미를 이해할 수 있게 된다. 이러한 연상 작용은 말의 뜻과 느낌에 폭을 더해주는 두뇌의 관용성에서 비롯된다.

또한 연상은 여러 가지 다른 것들 사이에서 공통점을 찾아내는 두뇌의 작용과도 관련이 있다. 수학의 간단한 예를 들면, 원과 삼각형의 공통점은 평면을 안과 밖 두 부분으로 분할하는 성질이다. 'ㄷ' 자에는 이러한 성질이 없으며, '8' 자는 평면을 세 부분으로 나눈다. 실생활에서도 서로 다른 의견을 종합할 때 공통점을 발견하는 능력은 매우 유용하다. 이처럼 사람은 폭넓게 생각할 수 있으며, 그렇게 해야만 사고가 발전하고 깊어질 수 있다.

앞에서 나는 인생에는 깊이 생각해야 하는 시기가 있고, 사고력을 키우는 것이 공부하는 목적 중의 하나라고 말했다. 바꾸어 말하면 '지혜의 깊이'는 공부를 통해서만이 비로소 얻을 수 있다는 것이다. 공부하지 않은 사람의 두뇌는 인간 특유의 폭넓은 사고의 훈련을 받지 않았기 때문에 깊이 생각하는 힘, 즉 '지혜의 깊이'가 키워지지 않는다.

지혜에는 '넓이'가 있고, '깊이'가 있고, '힘'이 있다. '지혜의 힘'이란 결단력을 말한다.

우리가 인생에서 부딪히는 문제들은 퀴즈나 테스트처럼 정해진 답이 있는 것이 아니다. 인생의 문제는 상당한 시간을 들이지 않으면 진정한 해결이 불가능하며, 문제 자체의 진의조차 파악하지 못하는 경우가 많다. 긴 시간을 들여서 모든 것을 알아내기 전에는 아무 행동도 취하지 않겠다는 태도로는 이 세상을 살아갈 수 없다.

현대 의학의 수준으로는 단 몇 퍼센트밖에 해명되지 않은 난치병이라 할지라도, 의사는 눈앞에서 고통받는 환자에게 어떤 처방을 내리지 않을 수 없다. 마찬가지로 쉽게 해결할 수 없는 문제에 대해서도 어느 순간에는 결단을 내려야만 한다.

그리고 한 단계 더 나아가기 위해 비약적인 도약을 해야 한다. 불연속적인 것을 연속적인 것으로 받아들이는 두뇌의 관용성 덕분에, 우리는 비약을 마치 비약이 아닌 것처럼 생각할 수 있다. 그래서 인간은 비약할 수 있는 능력을 갖추고 있다. 이것은 컴퓨터나 로봇에는 없는, 인간만의 고유한 능력이다.

결단할 수 있는 힘, 어느 순간 '얏!' 하고 비약할 수 있는 힘, 이러한 지혜의 힘은 인생과 직접적으로 관계가 없어 보이는 공부를 통해 길러진다. 지혜에는 내가 언급한 것 외에도 여러 가지 측면이 있을 것이다. 어쨌든, "왜 배워야 하는가?"라는 질문에 대해 나는 "지혜를 닦기 위해서이다"라고 대답할 수밖에 없다.

끝까지 해내는 것이 중요하다

다시 '생각한다'는 주제로 돌아가보자. 사람마다 생각하는 방식이 다르며, 그 유형에는 짧은 시간에 결론을 내리는 형과 오랫동안 시간을 들여 생각하는 형이 있다. '사고의 도사'란 아마도 이 두 가지 사고방식을 상황이나 문제에 따라 적절히 사용할 수 있는 사람을 가리키는 말일 것이다.

현재의 중고등학교 교육 환경은 후자인 '오랜 시간 숙고하는 사고방식'을 충분히 훈련시키지 못하는 것처럼 보인다. 오히려 입학시험을 통해 문제를 어떻게 단시간에 해결할 수 있는가 하는 전자의 사고방식을 훈련시키는 경우가 대부분이다. 이는 불행하고 불완전한 교육이다. 장시간 생각하는 훈련이 되어 있지 않은 사람은 깊이 생각할 수 없고, 따라서 앞서 말한 '지혜의 깊이'도 키워지지 않는다.

이런 면에서 나의 중고등학교 시절은 대단히 축복받은 시기였다고 할 수 있다. 그때는 지금만큼 입시 경쟁이 치열하지도 않았고, 자기가 좋아하는 공부나 운동, 과외 활동에 시간을 유익하게 쓸 수 있을 정도로 여유가 있었다.

그렇다고 해서 세상이 한가로웠던 것은 아니었다. 전쟁을 치른 시대였기에 격변이 거듭되었고, 교육 환경도 혼란스러웠다. 특히 전쟁이 끝난 후에는 전쟁터에서 돌아온 가족의 전입, 이사로 인한 전입, 군 관계 학교(유년학교 등) 학생들이 일반 학교로 복학하면서 학생 수가 갑자기 늘어나 학교 분위기는 더욱 어수선해졌다. 여기에 더해 학제 개편으로 인해 교과 과정과 교재까지 혼란의 극치를 이루었다.

이런 혼란스러운 교육을 받은 것이 일부 사람들에게는 마이너스가 되었을 수도 있지만, 나에게는 오히려 감사한 시대였다고 생각된다. 교육이 아직 질서를 갖추지 못했기 때문에 오히려 자유롭게 내가 원하는 공부를 할 수 있었고, 한 가지 일에 꾸준히 몰두하며 생각할 여유도 주어졌다.

다른 과목도 마찬가지였지만, 수학 또한 교과 과정이

제대로 정립되지 않았다. 구학제 중학교에서 4년 동안 가르치도록 되어 있던 것이 학제 개편으로 3년 연장되었으니, 혼란스러웠던 것은 당연했다. 담당 선생님도 여러 번 바뀌었고, 선생님이 바뀔 때마다 같은 내용을 반복해서 배우는 경우가 많아, 기본적인 것들은 철저히 공부할 수 있었다. 그 덕분에 나는 수학 문제를 하나하나 긴 시간을 들여 깊이 생각할 수 있었고, 수학에서 무엇이 중요한지 그 본질에 대해 막연하게나마 이해하기 시작했다.

수학은 원래 '추상성', '보편성', '일반성'이 많이 요구되는 학문이다. 다른 관점에서 보면, 일정한 규칙만 지키면 자기만의 세계를 자유롭게 구축할 수 있는 학문이기도 하다. 집합론의 창시자로 알려진 독일 수학자 게오르크 칸토어 Georg Cantor는 "수학의 본질은 그 자유성에 있다"라고 말했다. 이는 정해진 규칙만 지키면 명예, 지위, 경제성, 정치성 등에 구애받지 않는 자유로운 학문이라는 뜻으로, 수학의 본질을 꿰뚫은 훌륭한 표현이라고 생각한다.

그런데 고등학교 시절 오랜 시간에 걸쳐 풀었던 문제 중 지금까지 잊히지 않는 것이 있다. 그것은 다음과 같은 기하 문제이다.

"삼각형의 두 밑각을 각각 이등분하는 선을 그려서, 각

선이 대변에 교차하는 점까지의 길이가 같을 때 이 삼각형이 이등변삼각형임을 증명하라."

이 문제는 삼각함수를 쓰면 쉽게 풀 수 있지만 당시는 삼각함수를 배우기 전이었으므로 내게는 난제 중의 난제였다.

나는 2주 동안 다른 공부는 전혀 손대지 않고, 밥을 먹을 때나 화장실에 갈 때조차 이 문제를 푸는 데만 몰두했다. 결국, 서너 가지 경우로 나누어 증명할 수 있었다.

이때 길을 걸어가면서도 그것만 생각하다가 전봇대에 머리를 부딪쳐 친구들에게 웃음거리가 되기도 했다. 지금 생각해도 나에게는 대단히 귀중한 체험이 아닐 수 없다.

사람은 어떤 길을 가든지 때때로 쾌감과 만족감을 맛보는 일이 필요하다. 늘 고통과 좌절만을 겪는다면 계속 그 길을 가기가 어려울 것이다.

그렇다면 이 쾌감과 만족감은 어디에서 생겨날까? 작은 일이라도 성공했을 때 생긴다. 비록 작은 일이지만 그 일을 성공적으로 해냈을 때 느끼는 만족감이 쌓이면서, 그 길이 점차 자신의 길로 여겨지고, 계속해서 나아갈 수 있게 된다. 하지만 한 가지 일에서 성공을 이루기 위해서는 노력과 끈기가 필요하다.

나는 원래 노력형은 아니었다. 학교 성적이 나쁘지는

않았지만, 기복이 심한 편이었다. 열심히 할 때는 남들보다 두 배로 하지만, 안 할 때는 전혀 하지 않았다. 그래서인지 국민학교 때는 한 번도 1등을 해본 적이 없었다. 집중적으로 일에 몰두하는 태도는 예술가에게는 좋은 방법일지 모르지만, 학자에게는 특별한 재능이 없는 한 적합한 방법이 아니다. 만약 내가 그런 기복 있는 학습 방법을 계속 유지했다면, 학자로서 성공하지 못했을 것이다.

꾸준히 노력하는 것이 중요하다는 것을 내게 가르쳐준 사람은 역시 중고등학교 시절 가까이 지냈던 친구였다.

모리타 다카히로守田孝博는 군인 가정에서 엄하게 자라서인지 사고방식도 어른스러웠고 행동도 늘 반듯했다. 모리타는 일반 과목뿐만 아니라 체육에서도 항상 1등을 했다. 당시 우수한 아이들은 보통 유년학교幼年學校(육군장교를 지원하는 소년을 대상으로 육군사관학교의 예비 교육을 하는 학교—옮긴이)에 들어가 사관학교에 진학하여 장교가 되는 것이 꿈이었으므로 그도 유년학교에 들어갔다. 그러나 그동안 전쟁이 끝났고 앞에서 말한 학제 개편 때문에 우리 학교에 들어오게 된 것이다. 여담이지만 나는 유년학교 입학시험을 봤다가 떨어졌다.

나는 그에게 꾸준히 공부하는 자세를 배웠다. (나중에 그는 일본 교토대학교 공학부에 입학했다. 같은 고등학교 동기 중 교토대학교에 들어간 사람은 그와 나뿐이었는데, 그는 40대의 젊은 나이에 요절했다.) 그때부터 나는 의식적으로 꾸준히 노력하는 자세와 끈기를 키워왔다고 생각한다. 그래서 지금은 끈기에 있어서는 누구에게도 뒤지지 않을 자신이 있다.

나는 수학을 연구하는 데 있어 '끈기'를 신조로 삼고 있다. 문제를 해결하는 데 남들보다 더 시간이 걸리더라도, 끝까지 해내는 끈기만큼은 누구에게도 뒤지지 않는다고 생각한다. 다른 사람이 한 시간에 해결하는 문제를 두 시간이 걸려 풀거나, 다른 사람이 1년에 마치는 일을 2년이 걸리더라도 결국 하고야 만다. 나에게는 시간이 얼마나 걸리느냐보다는 끝까지 해내는 것이 더 중요하다.

이러한 신조가 몸에 배어서인지 나는 한 가지 문제를 택할 때 처음부터 남들보다 두세 배의 시간을 들일 각오로 시작한다. 인간은 140억 개의 뇌세포 중 보통 10퍼센트, 많아야 20퍼센트밖에 사용하지 않는다고 한다. 잠자고 있는 세포들을 깨우기 위해서는 남들보다 두세 배의 시간을 투자할 수밖에 없다. 적어도 나는 그 방법밖에 없다고 생각한다. 이것이 평범한 두뇌를 가진 사람이 할 수 있는 유일한 최선의 방법이라고 믿는다.

음악에 대한 열정을 수학으로 돌리고

 사람이 수많은 길 중 하나를 선택하고 살아가게 되기까지는, 정도의 차이는 있지만 우여곡절이 따르기 마련이다. 방황하다가도, 마음속 어떤 힘이 작용해 마침내 그 방황을 끝내기로 결심하게 된다.

 사람마다 겪는 우여곡절의 형태는 다를 수 있지만, 모든 사람에게 공통되는 어떤 법칙이 있는 듯하다. 그렇다고 해도, 나로서는 그 법칙을 도무지 알 수가 없다. 그러나 만약 그 법칙을 제시할 수 있다면, 아직 진로를 정하지 못한 젊은이들에게 큰 도움이 될 것이라고 생각한다. 혹시 그 법칙을 암시할 수 있을지도 모른다는 생각에서, 내가 수학이라는 학문을 선택하게 된 과정에 대해 너무 길지 않게 이야기해보려 한다.

나는 처음에 나니와부시(샤미센을 반주로, 주로 의리나 인정을 노래한 대중적인 창—옮긴이)를 하는 사람이 되고 싶었다. 그때가 국민학교 고학년 때였는지, 아니면 막 중학교에 입학한 직후였는지는 잘 기억나지 않는다.

그때 나는 나니와부시를 좋아했는데 그중에서도 히로자와 토라조廣澤虎造라는 사람의 나니와부시를 특히 좋아했다. 언젠가 그가 야나이에서 공연했을 때 구경 간 적이 있다. 지금도 히로자와 토라조의 〈산짓코쿠센三十石船〉이라는 모리노 이시마쓰森の石松를 주인공으로 한 작품이 가장 훌륭했다고 생각한다.

히로자와 토라조는 피비린내 나는 협객의 세계를 이야기하면서도 조금도 그런 분위기를 드러내지 않고, 청중을 따뜻한 유머의 세계로 이끌어가도록 스토리를 구성하는 뛰어난 재주를 지니고 있었다.

어느 정도로 나니와부시에 열중했느냐 하면, 라디오에서 나니와부시가 방송될 때마다 빠짐없이 들을 정도였다. 어쩌다 나니와부시 방송이 있는 것을 잊고 놀러 갔을 때가 가끔 있었는데 그때는 돌아와서 분하고 안타까운 마음에 큰 소리로 울어 할머니를 놀라게 하기도 했다.

그러다가 야나이고등학교 2학년 때부터는 클래식 음악에 열중하기 시작했다. 4, 5명으로 음악 그룹을 만들어

내가 피아노를 맡았다. 한 가지 일에 열중하기 시작하면 멈추지 않는 것이 내 타고난 버릇인 것 같다. 피아노에 한창 열중하던 시절, 아침 첫 기차를 타고 학교에 도착하면 수업이 시작되기 전까지 학교에 한 대뿐인 피아노를 연주했고, 점심때도 치고, 방과 후에는 밤 7시까지 남아서 연습할 정도였다.

이렇게 음악에 열중하게 된 것은 다카하시 이사오高橋豪라는 친구와 알면서부터이다. 그의 집에는 값비싼 축음기와 스피커, 레코드도 많이 있었다. 벽에 세워둔 장 안에 클래식 레코드가 꽉 차 있는 광경은 지금도 눈에 선하다.

내가 다카하시 집을 방문하는 즐거움 중 하나는 마음껏 음악을 들을 수 있다는 것이었다. 그의 부모님께서 나를 마음에 들어 하셨는지, 그가 없을 때 방문하더라도 "일부러 왔으니 음악이라도 듣고 가거라" 하고 권해주시는 것이 보통이었다.

나는 사양하지 않고 세 시간이든 네 시간이든 시간 가는 줄 모르고 음악을 들었다. 이런 일을 되풀이하는 동안에 점점 음악에 끌려들어갔고 더욱 열을 올리게 되었다.

다카하시는 후지모토와 모리타만큼 친한 친구였다. 외국 생활을 경험하신 아버지의 영향으로 세련된 국제 감각이 몸에 밴 그에게서 다른 친구에게는 없는 또 다른 것을 배웠다고 생각한다. 내가 나중에 유학을 가게 된 것도 그와 가까이 한 경험에서 간접적으로나마 영향을 받은 것 같다.

연습한 보람이 있어서 동네 음악회에서 쇼팽의 야상곡을 연주할 기회가 있었다. 나는 열심히 피아노를 쳤고, 어느 정도 수준의 연주였다고 생각했다. 그런데 내 연주는 형편없다는 혹평을 받았다. 학교 신문에 "그것은 음악이라고 할 수 없다. 우선 연주자는 피아노의 페달을 전혀 사용하지 않았다"라는 평이 실렸다.

있을 수 없는 일이라고 생각하겠지만, 나는 그때까지 페달의 사용법은커녕 피아노에 페달이 있는지조차 몰랐다. 나는 무척 속이 상했고 음악가 따위는 절대로 되지 않겠다고 맹세했다.

수학에 매력을 느낀 것은 바로 그때부터였다. 수학은 원래 내가 잘 하는 과목의 하나였고 무척 좋아했다. 성격이 단순하고 추상적인 것을 좋아해서 나에게 잘 맞았는지는 모르겠지만, 나는 수학을 공부하면서 앞에서 말한 기분 좋은 '성공 경험'을 몇 번 맛보았다.

중학교에 들어간 지 얼마 안 되었을 때, 중학교 3학년이던 누나가 숙제를 하면서 끙끙거리고 있었다. 인수분해에 관한 문제 때문이었다.

당시 나는 '인수분해'라는 말조차 몰랐지만, 선생님이 가르쳐주신 대로 하면 풀 수 있을 것이라고 생각하고 누나의 공책을 보았다. 그리고 거기에 적힌 대로 풀었더니 어렵지 않게 답이 나왔다. 그런 경험이 몇 번 쌓이면서 수학은 내가 가장 좋아하는 과목이 되었다. 그러나 물론 그때에는 수학자가 되려는 생각은 전혀 없었고, 음악가가 되고 싶었을 뿐이었다.

음악가가 되려는 희망을 버렸을 때, 음악 대신 열중하게 된 것이 수학이었다. 그 당시를 회상하면, 나에게 큰 영향을 준 한 사람을 떠올리지 않을 수 없다. 그분은 나의 숙부이신 미나미모토 이와오南本嚴였다. 숙부는 국민학교밖에 안 나온 사람이 대부분이던 우리 집안에서 유일하게 대학교에 진학한 분이었다. 숙부가 진학한 곳은 현재의 도쿄공업대학교였다. 그는 이과 계통의 공부를 잘했고, 물리와 수학을 대단히 좋아했다.

나는 국민학교에 들어가기 전부터 대학생이던 숙부를 따라 자주 산책을 했다. 어머니의 친정은 유우강이 바다로 흘러 들어가는 아라케라는 곳에 있었고, 근처에는 소나무 숲이 있었다. 숙부는 방학 때 고향에 내려오면 나를 데리고 그 소나무 숲까지 가서 햇빛에 반짝이는 세토의 바다를 바라보며 이야기를 들려주었다.

숙부의 이야기는 세계적인 물리학자나 수학자와 관련된 여러 가지 에피소드가 대부분을 차지했다. 숙부는 물리나 수학, 특히 수학이라는 학문의 멋있음과 아름다움을 열정 어린 목소리로 들려주었다. 어린 나는 숙부의 말을 다 이해할 수 없었지만, 들으면서 왠지 모를 감동을 느꼈다. 그것은 한 사람을 이렇게 열중하게 할 수 있는 무언가가 이 세상에 있다는 것에 대한 감동이었다.

그러나 숙부와 내가 만난 것은 고작 다섯 번 정도였다. 숙부는 외아들이었기 때문에 대학 졸업 후 취직을 해야 했고, 42세 때 교통사고로 세상을 떠나셨다. 숙부는 자신의 한없는 꿈을, 친척 중에서 성적이 조금 좋았던 내가 이루어주기를 바라셨던 것 같다. 그것은 그에게는 이미 집념과도 같은 것이었는지도 모른다. 그 집념이 어느덧 어린아이였던 나에게 전해졌고, 음악가가 되기를 포기한 나를 지배하게 되었다.

어떤 길이든 마찬가지지만, 수학 역시 어떤 선생님에게 배우느냐에 따라 배우는 사람의 자세가 달라진다. 이 시기에 타니가와 미사오谷川操 선생님에게 수학을 배운 것은 대단한 행운이었다. '탄젠트'라는 별명이 붙은 타니가와 선생님의 수학 수업은 정말 색다른 면이 있었다. 한마디로 심술궂다고 할까?

1. 배움의 길

선생님은 독학으로 중학교 교사 자격증을 딴 분으로, 수학 교육에 대해 독자적인 견해를 가지고 있었다. 그 방식은 문제를 푸는 방법을 가르치는 것이 아니라, 문제를 푸는 과정에서 발상을 배우게 하는 것이었다. 그렇다고 친절히 가르치는 것도 아니었다. 중간까지만 설명하시고는 "이것이 아이디어다. 나머지는 각자 생각하라" 하시며 분필을 놓곤 하셨다.

시험도 대부분이 0점이었고, 평균 점수는 30점 정도가 보통이었다. 문제도 어려웠지만, 무엇보다 문제를 푸는 발상을 중시하는 채점 방식이었기에 그런 결과가 나올 수밖에 없었다.

다음의 기하 문제는 고등학교 때 타니가와 선생님이 출제한 것이다. 당시 이 문제를 푼 사람은 우리 반에서 나 하나뿐이었던 것 같다. 지금 고등학교에서는 이런 문제는 출제되지 않을 것이다. 당시 교과서에도 있었는지는 모르겠지만, 아마 선생님의 독자적인 출제였던 것으로 생각된다. 그만큼 선생님은 특별한 수학 교사였다.

나는 한때 그런 선생님에게서 만점을 받은 적이 있었다. 비록 답은 틀렸지만, 문제를 풀어나가는 과정에서 관건이 되는 발상을 확실히 짚고 있었기 때문에 이례적으로 100점을 주신 것이었다. 또 선생님이 낸 해답이 틀리

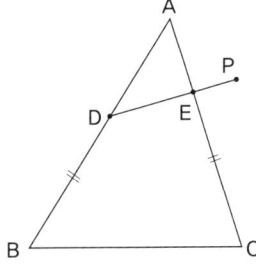

△ ABC와 점 P가 있다. P에서 직선을 그어서 AB, AC와 각각 D, E에서 교차하여 BD=CE가 되게 하라.
힌트: 동일 평면상의 같은 길이의 선분 DB, CE의 회전 중심은 정점이다.

는 경우도 자주 있었다. 예를 들어 물체의 부피가 마이너스가 되는 것이다. 그럴 때도 선생님은 "본 줄거리는 맞으니까 괜찮다"라며 태연하셨다. 나의 답도 틀렸지만, 선생님 말씀대로 본 줄거리가 맞았기 때문에 만점을 받을 수 있었다.

만점을 받고 나서 나는 갑자기 선생님이 좋아졌고, 수학에 열중하게 되었다. 앞서 쓴 문제를 2주일이나 걸려 풀 정도로 의욕을 가지게 된 것도 선생님의 그런 가르침에 진심으로 끌렸기 때문이었다.

선생님의 교육 방식은 대부분의 학생에게 별 호감을 주지 못했지만, 선생님에게서 배운 발상의 중요성은 내게 큰 보탬이 되었다. 아이디어! 발상이야말로 수학자가 가장 중시해야 하는 것이다. 수학에서 발상만 확실하면 나머지는 시간과 노력의 문제다. 나는 그 발상의 중요성을 '탄젠트' 선생님에게서 철저히 배운 것이다.

마침내 수학의 길로

 이렇게 수학에 열중하던 나는 졸업을 하게 되었고, 1950년 4월 교토대학교 이학부에 입학했다. 시험을 본 대학은 이곳뿐이었다. 아버지께서 만일 떨어지면 영원히 대학에 가지 말라는 엄명을 내리셨지만, 이상하게도 불안감은 전혀 들지 않았다.

 교토대학교를 선택한 이유는 교토라는 도시가 마음에 들었고, 누나가 교토에서 직물 가게를 하는 집으로 시집을 가서 하숙할 수 있는 장점이 있었기 때문이다. 그러나 무엇보다도 전해인 1949년 12월 10일에 노벨 물리학상을 수상한 유카와 히데키湯川秀樹 박사께서 이곳에 계신다는 점이 끌렸다. 유카와 박사님이 일본인 최초로 노벨상을 수상하신 것은 패전으로 지친 많은 일본인에게 큰 용기를 북돋아주었고, 나에게도 특별한 감회를 주었다.

실제 교토대학교에 입학한 후, 나는 물리학 세미나와 수학 세미나를 선택했다. 당시 물리학 세미나의 주제는 아인슈타인의 이론이었다. 피터 버그만Peter Bergmann이 쓴 《상대성 이론》이라는 번역서를 교재로 사용하여 아인슈타인의 이론을 접했다. 그 이론을 배우는 과정에서 자연스럽게 수학에 흥미를 느끼며 끌려들어가게 되었다.

상대성 이론은 물리학 이론 중에서도 가장 수학적인 것으로, 이 이론을 세운 아인슈타인 역시 지극히 수학적인 물리학자였다. 아인슈타인은 어린 시절부터 수학에 능통하여, 그의 백부 야곱의 지도하에 대수와 기하학을 익혔다고 한다. 특히, 그가 1929년에 발표한 중력장과 전자장의 통일을 시도한 '통일장 이론'은 매우 수학적이고 추상적이어서 물리학적 실험의 범주를 벗어났다고 여겨지기까지 했다. 그로 인해 물리학자들 사이에서도 논쟁거리가 되지 못했다.

아인슈타인은 단순한 수학적 기본 원리에서 모든 것을 연역할 수 있다는 꿈을 가진, 수학적 로맨스를 끝까지 놓지 않은 학자였다고 생각된다. 그는 예술가적인 감각을 지닌 학자였으며, 미적 의식이 특히 섬세하고 까다로운 인물이었다. 나는 아인슈타인의 이러한 수학적 면모에 매혹되어 물리학자가 되고 싶다는 생각을 품었으면서도 점점 수학에 매료되었다. 수학이 모든 학문의 기본이라는 점이 매우 매력적이었다.

수학에 대한 흥미를 더욱 자극한 것은 수학 세미나였다. 수학 세미나에서는 소련의 수학자 레프 폰트랴긴Lev Pontryagin이 쓴 《연속군론》을 다루고 있었다.

이 세상에서 가장 아름답고 자연스러운 형태는 모두 몇 가지 대칭을 가지고 있다. 예를 들어, 직사각형은 상하 및 좌우의 대칭을 가지며, 원은 중심을 향하는 모든 방향에서 대칭을 가진다. 다시 말해, 원은 연속적인 대칭을 갖춘다. 대칭은 군##을 이루며, 이러한 군이 연속적인 경우를 연속군이라고 부른다. 연속군 이론은 위상기하학, 해석학(미분, 적분 등), 대수학 등 다양한 수학 이론과 관련된 흥미로운 분야이다.

나는 물리학과 수학을 동시에 배우는 동안 점차 수학의 매력에 빠졌고, 결국 내 적성이 수학에 맞는다는 확신을 갖게 되었다.

2년간의 교양 과정을 마치고 전공을 결정하는 단계에서 나는 수학을 택했다. 따라서 진정으로 수학자로서 첫발을 내디딘 것은 대학 3학년 때라고 할 수 있다.

이상에서 내가 수학을 전공하게 된 과정을 간략히 설

명했다. 이처럼 수학이라는 학문을 처음 접했을 때부터 수학자가 되기로 결심한 것은 아니었다. 수학을 좋아하고 적성에 맞는다는 것을 느끼면서도, 수학자로서 살아가기로 결심하기까지는 여러 번의 시행착오를 겪었다.

수학자 가정에서 태어나 어린 시절부터 수학자가 되기 위한 특별한 교육을 받거나, 타고난 수학적 재능을 지닌 경우가 아닌 한, 현재 수학자로 살아가고 있는 사람들은 대부분 비슷한 시행착오 끝에 이 길에 들어섰을 것이다. 아니, 수학자뿐만 아니라 그 누구라도 자신의 길을 선택하기까지는 이러한 시행착오를 겪었을 것이라고 생각한다.

보통 사람의 인생은 직선적이 아니라 우여곡절이 있게 마련이다. 그리고 그 과정에서 반복되는 시행착오는 절대로 낭비가 아니다.

예를 들어, 내가 중학교 시절 음악에 쏟은 열정도 겉으로는 음악과 전혀 관계없어 보이는 수학 연구에 활용되었다고 생각한다. 그에 대해서는 나중에 말하겠지만, 배운 것 또는 배우기 위해 노력한 것은 반드시 언젠가 도움이 되기 마련이다.

불교에서는 '인연因緣'이라는 개념이 있다. '인'은 '근원'이라는 의미로 내적인 것을 뜻하며, 이에 대비되는 외적인 조건이 '연'이다. 내적 조건인 '인'과 외적 조건인

'연'이 결합하여 모든 것이 생겨나고, 이 결합이 해소되면서 모든 것이 사라진다는 것이 불교에서 말하는 '인연'의 원리이다.

한 사람의 삶은 인연에 의해 지배되는 것일지도 모른다. 부모로부터 이어받은 것, 가까운 친구에게서 배운 것, 또 여러 번의 시행착오를 통해 얻은 체험적 지식 등이 눈에 보이지 않는 덩어리로 축적되어 '인'을 형성한다. 그리고 '인'이 '연'을 만나 그 사람의 희망이 되고 행동이 되며, 결단이 되어 길을 만들어간다. 나 자신의 삶을 돌이켜 보면 그렇게만 느껴진다.

살아 있다는 것은 끊임없이 무언가를 배우고 노력하는 것을 의미한다. 그리고 바로 그 배우고 노력하는 것이 인생을 만들어가는 것이 아닐까 하는 생각이 절실히 든다.

창조의 여행 —

2

창조의 기쁨과 괴로움

 사람은 살아 있는 동안 끊임없이 무언가를 배우게 된다고 앞서 말한 바 있다. 방법이나 대상은 다를 수 있지만, 배움 자체는 모든 사람에게 공통된 사실이다. 의식적으로든 무의식적으로든, 사람은 실제로 배우지 않으면 살아갈 수 없도록 되어 있다.

 배움에는 고통과 함께 기쁨도 따른다. 배움이 그저 괴로움의 연속이라고 여기는 사람이라도, 배워나가는 과정에서 가끔씩은 기쁨을 느끼게 된다. 다만, 배움에 있어서 어려움이 너무 많아 기쁨이나 만족감, 행복감을 느끼기 힘든 경우가 많을 뿐이다.

 그리고 인생에는 배움보다 더 큰 기쁨을 주는 일이 있다. 그것은 바로 새로운 것을 만들어내는 과정, 즉 창조다.

창조만큼 사람에게 확실한 만족감을 주는 것은 없다. 창조의 기쁨만큼 소중한 것 또한 없다. 반세기를 살아온 내 인생을 돌이켜볼 때 더욱 그러한 생각이 절실해진다. 창조에는 배우는 것 이상의 고통이 따르지만 그만큼 기쁨도 커진다.

그렇다면 창조란 무엇인가?

창조라고 하면 흔히 예술이나 학문처럼 우리의 일상과는 거리가 먼 특별한 활동으로 생각하기 쉽지만, 반드시 그렇지만은 않다. 창조는 우리의 일상에서도 없어서는 안 되는 중요한 것이며, 실제로 사람들은 일상생활 속에서 끊임없이 작고 소소한 창조를 이루어내고 있다.

어머니가 아이를 위해 스웨터를 뜨개질하거나 청소 방법을 개선하는 것, 젊은이가 새로운 놀이를 만들어내는 것, 혹은 노인이 정성껏 나무를 가꾸는 것 등도 모두 일상생활 속에서 이루어지는 창조의 한 예라 할 수 있다.

나무라고 하니까 생각나는데, 어머니는 그다지 크지 않은 우리 집 마당에 여러 가지 색깔의 진달래를 가꾸신다. 진달래는 부러진 가지라도 정성을 들이면 자생할 수 있는 식물인데 어머니가 재배하는 진달래는 거의가 남에게서 얻은 부러진 가지를 키워낸 것이다. 어머니는 이 진달래 재배에 대하여 상당한 솜씨를 갖고 계시며 잘 자란 진달래를 자식들에게 나누어주는 것을 좋아하신다.

어머니는 또 자식들이나 30여 명에 달하는 손자들에게 자신의 서예 작품을 선물하려고 몇 년 전부터 붓글씨를 시작하셨다. 비록 통신교육이지만 현재 준초단準初段이며, 앞으로 초단을 받기 위해 매일 열심히 연습하신다.

이와 같이 진달래를 재배하는 것, 준초단의 서예 솜씨를 가지게 된 것, 그리고 손자들에게 자기의 서예 작품을 남기려고 하는 것들이 어머니로서는 여생의 창조활동인 것이다. 이러한 어머니의 자세는 자식으로서 본받을 만한 일이다. 어머니의 경우를 보더라도 일상생활에서의 이러한 창조의 기쁨은 나이나 직업, 학력 등과는 전혀 관계없다는 것을 알 수 있다.

그러나 창조에는 기쁨만 있는 것이 아니라 동시에 탄생의 괴로움도 따른다. 어머니께서는 연세가 많으신 탓에 글씨를 쓸 때는 손이 떨려서 힘들다고 가끔 탄식하시곤 한다.

일상생활에서의 창조와, 예술이나 학문 세계에서의 창조를 비교하여 어느 쪽이 더 어려운가라는 질문에는 한마디로 대답하기 어렵다. 내 경우에는 수학이라는 학문 세계에 살면서, 창조의 어려움을 가끔 맛보았다.

무엇보다도 먼저 배우는 것부터 시작하여, 언제 어떻

게 창조의 세계로 들어설 계기를 잡을 것인가를 결정하는 것이 그리 쉽지는 않았다. 대학교 3학년이 되어서야 수학의 길을 걷기로 결심한 나는, 수학이라는 학문 속에서 나 자신의 창조성이 어떤 형태로 발현될지 몰랐고 석사 과정에 들어간 후에도 그 계기를 잡지 못해 무척이나 애태웠다.

격의 없이, 그러나 거리를 두고

 창조의 계기에 대해 이야기하기 전에, 이 무렵에 친했던 두 친구에 대해 먼저 언급하고 싶다. 그들에게서 배운 것도 많았기 때문이다.

 대학 2학년 때 우지 분교에서 교토대학교 요시다 분교로 옮긴 후, 3학년이 되어 본교 이학부로 옮겨서 수학을 전공한 나는, 아키즈키 야스오秋月康夫 교수의 세미나를 들은 적이 있다. 이 세미나의 분위기와 그곳에서 내가 배운 내용 등은 이후 '특이점 해소' 과정을 이야기하는 부분에서 다시 다룰 예정이다.

 요시다 산기슭에 위치한 교양학부로 옮길 무렵, 함께 수학을 공부했던 후지타 오사무藤田收라는 친구가 있었다. 그는 한마디로 신사라고 할 수 있었다. 옷차림은 늘

단정했고, 사고방식도 명쾌하여 학생이라기보다는 어른 같은 인상을 주었다. 이러한 그의 성격은 학문에서도 고스란히 드러났다. 그는 모호한 점을 하나도 남기지 않고 준엄하고 일관된 태도로 학습에 임하는 것이 특징이었다.

후지타를 중심으로 몇 명이 모여 수학 전문서를 함께 읽는 윤독회輪讀會를 만들었다. 이 모임에서는 매주 한 번, 반나절 정도 폰트랴긴의 《연속군론》 영어 원서를 읽으며 토론을 나누곤 했다. 후지타는 이 모임에 매우 열정적으로 참여했지만, 나는 종종 빠지곤 하는 불성실한 회원이었다.

당시 나는 《연속군론》뿐만 아니라 다른 수학 전문서도 자세히 보지 않고, "이 문제는 이 아이디어로 증명할 수 있을 것이다"라는 식으로 태연하게 말을 던지는 무책임한 태도를 보였다. 그럴 때마다 후지타는 반드시 다음 날이나 그다음 날에 문제를 꼼꼼히 푼 노트를 가져와 "네 아이디어로 풀어봤지만 그것만으로는 해결되지 않더군"이라며 충고해주었다. 그럴 때마다 나는 겸연쩍게 머리를 긁어야 했다.

수학에서는 90퍼센트까지 문제가 풀려도 나머지 10퍼센트를 해결하지 못하는 경우가 종종 있다. 그 10퍼센트를 풀 수 있을 거라는 억측으로 논문을 발표하면, 나중에 예기치 못한 대가를 치르게 된다. 실제로 그러한 실수를 범하고 깊은 고민 끝에 스스로 생을 마감한 비운의 수학자도 있다. 나는 후지타와 교류하면서, 수학에서는 아무리 사소한 방심도 허용되지 않는다는 사실을 깊이 깨달았다.

또 한 사람, 수학과 친구 중에서 인상 깊었던 학생은 고바리 아키히로小針曉宏였다. 고바리의 아버지는 학교 교장으로, 그는 어릴 때부터 엄격한 교육을 받은 것으로 보였다. 고바리 집안의 엄격한 가풍은 군인의 아들로 자란 고등학교 시절 친구 모리타 집안의 엄격함과는 다른 느낌이었다.

그는 수학과에 몸담고 있으면서도 문학을 좋아했다. 그가 쓴 소설을 가끔 읽어보면, 인간 심리의 어두운 면을 드러내는 듯한 음침한 내용이 많았다. 나는 대체로 이런 어두운 문학은 좋아하지 않았다. 읽고 나면 상쾌한 기분이 드는 밝은 문학을 선호했기 때문에, 그의 작품에 대해 좋은 평가를 해줄 수는 없었다.

때로는 "자네처럼 이렇게 흙탕물에 흠뻑 잠겨 있으면 좋은 작품을 쓸 수 없겠군" 하고 혹평하기도 했지만, 그의 풍부한 감수성에는 마음이 끌렸다. 그는 나에게는 없는 특별한 감수성을 지니고 있었다. 결국 고바리와 나는 〈Eous〉라는 학회지를 함께 만들 정도로 가까워졌다.

이 학회지는 수학과는 무관하게 급우들 간의 대화를 나눌 수 있는 장을 마련하기 위해 창간된 것으로, 고바리의 제안으로 시작되었다. 창간호는 각자의 원고를 묶어 회람하는 방식으로 제작되었으며, 제2호는 등사판으로 만들었다.

제2호에서는 내가 고바리의 뒤를 이어 편집장을 맡았다. 이때 학회지에 새롭게 앙케트란을 만들어 "지금 10만 엔을 주우면 어디에 쓰겠는가?", "군대 영장을 받으면 어떻게 하겠는가?"와 같은 설문을 실었던 것으로 기억한다. 고바리와 함께 다음 호의 편집회의를 하는 것은 즐거운 일이었다.

또 한 가지, 그에게서 배운 것은 바로 배짱이었다. 나역시 데카당스décadence에 매력을 느끼던 사람 중 하나였기에, 가끔 그와 함께 세상의 빈축을 살 만한 일을 저지르곤 했다. 그러한 경험을 되풀이하다 보니, 남이 나를 어떻게 보든지, 혹은 어떻게 생각하든지 개의치 않는 배짱이 자연스레 생겼던 것 같다.

우리는 종종 술에 취해 길거리에 벌렁 누워버리곤 했다. 지금도 그렇지만, 나는 아무리 많이 마셔도 집에 갈

때까지는 비교적 정신이 멀쩡한 편이었다. 반면 그는 술에 취하면 길바닥에 누워 지나가는 사람들을 전혀 의식하지 않고 큰 소리로 떠드는 버릇이 있었다. 그럴 때마다 나는 늘 그를 달래는 역할을 맡았다. 혼자 두고 갈 수 없어 길바닥에 쓰러져 코를 골며 자는 그의 옆에 쭈그리고 앉아 술이 깨기를 기다리다 보면, 어느새 날이 밝아오는 경우도 가끔 있었다. 이런 경험들은 나의 청춘 시절, 거친 추억 중 하나로 남아 있다.

하여간 인생에서 남의 눈을 너무 의식하다가는 비약하지 못할 때가 있다. 누가 어떻게 생각하든 이것만은 해내야 한다는 결심을 하기 위해서는 배짱이 필요하다. 그러한 배짱을 나는 그와 사귀는 동안 배웠다고 생각한다. (고바리는 교토대학교를 졸업한 후, 그 대학 이학부 조수와 교양학부 조교수를 지냈는데, 1971년 40세의 젊은 나이로 세상을 떠났다.)

그러나 내가 고바리와 완전히 뜻을 같이한 것은 아니었다. 한편으로는 그의 다양한 감수성에 끌리기도 했지만, 내 마음의 한구석에는 그의 그런 면이 받아들여지지 않았다.

대학교 4학년 때 어떤 사건으로 전교 수업 거부가 있었을 때 나 혼자만 교수실에서 수업을 받은 적이 있었다. 단체 행동을 깨뜨릴 작정은 아니었고 단지 수업을 받고 싶었을 뿐이었다. 다른 친구들에게 노트를 보여주기로 약속을 한 덕분에 단체 행동 파괴라는 비난은 면했지만 나의 그러한 면은 고바리와 사귀고 난 후에도 변하지 않았다.

만일 내가 완전히 그와 의기투합하고 있었더라면 강렬하고 자극적인 개성을 가진 그의 영향을 크게 받았을 것이고, 그 후의 나의 인생도 상당히 달라졌을 것이다.

이것은 고등학교 시절의 친구인 후지모토의 경우에도 마찬가지라고 말할 수 있다. 늘 심원한 명제를 놓고서 사색하던 후지모토와 친교를 맺고 영향을 받았더라면 나는 어쩌면 흙냄새가 강한 철학자가 되었을지도 모른다.

지금까지의 인생을 돌이켜보면, 어떤 경우에도 마음이 맞는다든가, 의기투합할 수 있다든가 하는 것으로 친구를 선택하는 기준을 삼지 않았던 것 같다. 나에게 없는 것을 갖고 있는 친구, 무엇인가 배울 수 있는 친구를 의식적으로 선택하여 사귀어왔다. 그 때문에 아주 친해지더라도 일정한 거리를 두고, 내 안에 있는 작은 세계에 친구가 들어오려고 할 때에는 단호히 배격하려고 노력해왔다.

이러한 교우 방법을 냉정하고 계산적이라고 여기는 사람도 있겠지만, 나는 이 방식을 지켜왔기에 한 번도 남에게 배반당한 적이 없다고 말할 수 있다. 잘난 척하는 것 같아 약간 쑥스럽지만, 내 사전에 '배반당한다'는 말은 없다. 왜냐하면 나는 누구와도 친근하게 지내고 때로는 속마음까지 털어놓으며 개방적으로 대화하곤 하지만, 나의 가장 중요한 주체성을 잃어버려 후회한 적은 한 번도 없었기 때문이다. 즉, 아무리 친하고 존경하는 친구라도 그 친구에게 푹 빠져 나 자신을 잃어버린 적은 없었다고 자신 있게 말할 수 있다.

친구 사이에 항상 어느 정도의 경계선을 긋고 그 경계를 넘지 않는 범위에서 사귀는 나의 교우 방법이 옳은지는 잘 모르겠다. 하지만 적어도 친구라는 존재를 통해 배우고 가르침을 얻는 데 있어, 내 방식이 효과적이었다고 생각한다.

영어에는 loneness(고독)와 loneliness(외로움)라는 단어가 있다. 이 두 단어는 비슷하게 보일 수 있지만, 사실 명확히 대립하는 뜻을 가진다. loneliness는 loneness에서 벗어나려는 인간의 감정을 나타낸다. loneness를 잃었기 때문에 loneliness가 생긴다고 해도 과언이 아니다. 적어도 loneness를 확고히 지닌다면, 좋아하는 사람이든 싫어하는 사람이든 어떤 삶과 어떻게 마주하든 loneliness를 느끼지 않는다는 것이 나의 신조이다.

편견에서 벗어나 친구들이 가진 소중한 점을 가능한 많이 배우기 위해서라도, 자기 자신의 loneness를 지켜야 한다고 생각한다.

"선생님!" 한마디에 방황은 끝나고

앞 장에서 독일이 낳은 천재 수학자 가우스에 대해 약간 언급한 바 있다. '수학계의 왕자'라고 불리는 가우스에 대해 전해지는 말 중에는 "말을 배우기 전에 이미 숫자를 셀 줄 알았다"는 이야기가 있다. 그는 두 살 때부터 이미 수학적 천재성을 발휘했다고 한다.

그의 천재성은 소년, 청년, 장년이 되어도 변함이 없었으며, 창의적인 연구로 수학사에 수많은 금자탑을 세웠다. 특히, 당시 수학계에서 가장 비실용적이라 여겨지던 '수론數論'을 수학의 중심으로 끌어올린 업적은 그의 위치를 더욱 확고히 했다.

내 제자 중에도 가우스처럼 매우 자연스럽게 창조를 시작하여 처음 쓴 연구 내용이 높은 평가를 받은 사람이 몇 명 있다.

그런 천재라면 모를까, 평범한 두뇌를 가진 사람은 배우는 단계에서 창조의 단계로 도약하기 위해 반드시 어떤 계기가 필요하다. 앞에서 말했듯이, 나는 그 계기를 잡기까지 우울한 나날을 보내야만 했다.

대학을 졸업하고 대학원 석사 과정에 진학한 후, 동기들은 각자 논문을 쓰고 발표하기 시작했다. 시험에서 좋은 점수를 받거나 어려운 이론을 이해했다고 스스로 만족하던 시절은 이미 지나갔고, 이제는 무언가를 창조해야 하는 단계에 이른 것이다. 그것은 수학자로서 살아가기 위해 더 이상 책을 읽고 "옳지, 알았다"라는 말만 하고 있어서는 안 된다는 것을 의미했다.

그러나 나는 이론을 배우기만 했던 그때까지의 나 자신에 불만을 느끼면서도, 도무지 논문을 쓸 의욕이 생기지 않았다. 거기에는 몇 가지 이유가 있었다. 그중 하나는 대학원의 어떤 선배의 사고방식에 어느 정도 동조하고 있었기 때문이다. 그는 늘 이렇게 말했다.

"다들 왜 쓸데없는 논문을 발표하는 데만 열을 올리는지 모르겠어. 열심히 써내지만 대부분 1년이면 사라질 논문들뿐이지. 잘해야 10년이 지나면 아무도 보지 않게 되는 논문은 결국 도서관 책꽂이만 차지할 뿐, 아무 소용도 없는 거야. 그런 걸 쓰는 것도 낭비지만, 읽는 것조차 낭비라고 생각해. 나는 절대로 논문 같은 거 안 쓸 거야!"

그 선배는 매사에 이해가 빠르고 우수한 사람이었으며, 비평 수준도 꽤 높았다. 실제로 그의 말은 틀리지 않았다. 매년 수많은 논문이 발표되지만, 대부분은 아무 평가도 받지 못한 채 쓰레기처럼 그냥 팽개쳐지고 만다. 이는 지금도 변함없는 현실이다.

그러나 내가 논문 쓰기를 시작하지 못했던 더 큰 이유는 이미 산더미같이 발표된 우수한 논문들에 압도당했기 때문이다. 논문이라는 것은 보통 완결된 형태로 발표된다. 과거 세계적인 대수학자들이 발표한 한 점의 흠도 없는 완성작들은 이미 산더미처럼 쌓여 있다. 그런 논문들을 읽어보면, '내가 지금 와서 논문을 써봤자 무슨 소용이 있을까'라는 생각이 든다. 한마디로 논문을 쓴다는 것이 어리석은 짓처럼 느껴졌던 것이다.

예를 들어, 기타 연주자를 꿈꾸는 사람이 기타를 배운 지 얼마 되지 않아 명기타 연주자의 연주를 들었다고 해보자. 처음에는 그 연주자의 아름다운 연주에 심취해 깊은 감동을 받겠지만, 막상 현실로 돌아오면 자신이 기타를 연주한다는 것이 어리석게 느껴질 수도 있다. 그 연주자의 기술이 너무나도 뛰어나, 자신이 지금부터 아무리 노력해도 도저히 따라잡을 수 없을 것 같다는 생각이 들기 때문이다.

내가 논문을 쓰지 못했던 이유도 이와 비슷했다. 그러나 논문을 통해 자신의 이론을 창조해나가지 않으면 수학자로서의 길이 막히고 만다. '써야 할까, 아니면 쓰지 말아야 할까?' 나는 끊임없이 고민했다.

대학원 1학년 여름의 어느 날, 뜻밖의 일이 일어났다. 벌써 20여 년이나 지난 일이지만, 그때의 광경은 지금도 생생히 떠오른다.

그날 오후, 나는 은행나무가 늘어선 교토대학교 교내를 걷고 있었다. 무언가 생각에 잠겨 있던 나는, 바람에 흔들리는 은행잎 소리 사이로 희미하게 들려오는 목소리에 걸음을 멈췄다. 뒤를 돌아보니, 멀리서 국민학생처럼 보이는 단발머리 소녀가 "선생님!" 하고 부르며 뛰어오고 있었다. 나는 다시 돌아서서 걷기 시작했다. 설마 그 소녀가 나를 부르고 있다고는 생각하지 않았기 때문이다. 당시 나는 학생복을 입고 있었다. 서너 발짝쯤 걸었을까, 다시 발길을 멈추고 뒤돌아보니 주변에는 아무도 없었다. 결국, 그 소녀가 부른 '선생님'은 바로 나였던 것이다.

소녀는 헐레벌떡 나에게로 뛰어오더니, "이거 선생님 거죠?"라며 수첩을 내밀었다. 내가 수첩을 떨어뜨렸던 모양이었다. 틀림없이 그것은 내 수첩이었다. 고맙다고 말하며 수첩을 받자, 소녀는 '참 좋은 일을 했다'는 표정을 지으며 가슴을 활짝 펴고 의기양양하게 은행나무가 만든 녹음 속으로 걸어갔다.

나는 그 자리에 멍하니 서서 소녀의 하얀 옷자락이 시야에서 사라질 때까지 바라보고 있었다. 그 순간까지도 나는 여전히 스스로를 학생이라고 생각하고 있었다. 전에도 '선생님'이라는 호칭을 들어본 적은 있었지만, 그날처럼 그 말이 가슴 깊이 와닿은 적은 없었다.

그 사건은 그저 사소한 일이었지만, 내게는 중대한 변화를 일으켰다. 그날 이후로 나는 몇 번이나 스스로에게 물었다. "너는 정말 '선생님'이라고 불릴 만한 사람인가?" 답은 "아니다"였다. 책을 읽고 고급 이론을 이해하거나, 남의 논문을 날카롭게 비평하는 것만으로는 '선생님'이라 불릴 자격이 없었다. 진정한 '선생님'이 되려면 자기만의 이론을 창조해야 한다. 논문을 써야 한다. 아무리 형편없을지라도 말이다.

나는 결심했다. 논문을 쓰기 시작했다. 그리고 그것을 기고했다.

그때의 일을 떠올릴 때마다 나는 그 소녀에게 고마움을 느낀다. 나를 수학자로 만들어준 것은 다름 아닌 바로 그 소녀라고 생각하기 때문이다. 만약 그날 소녀가 나를 '선생님'이라고 불러주지 않았다면, 나는 여전히 창조의 길로 나아갈 계기를 찾지 못한 채 방황하고 있었을지도 모른다. 어쩌면 일생을 그 방황에서 벗어나지 못했을지도 모른다.

실제로 나는 뛰어난 재능을 가지고 있으면서도 이렇다 할 업적을 남기지 못한 채 우왕좌왕하는 사람들을 수학뿐만 아니라 여러 학문 분야에서 많이 보아왔다.

창조의 여정을 시작할 계기는 사람마다 다를 수밖에 없다. 하지만 그 계기는 생각보다 가까운 곳에 있을지도 모른다. 그리고 그 계기를 붙잡느냐 놓치느냐는, 그 사람이 창조라는 것에 대해 얼마나 깊이 고민했는지에 달려 있다고 나는 생각한다.

시작이 반

 수학의 세계에서는 일정 수준 이상으로 학문을 익히고 나면, 다른 수학자의 대이론이라도 석 달 정도면 충분히 마스터할 수 있는 것이 보통이다. 하지만 자기만의 새로운 이론을 만들어내는 것은 전혀 다른 이야기다. 석 달로는 턱없이 부족하며, 1년이 걸릴 수도 있고, 10년을 투자해도 끝내 창조하지 못할 수도 있다.

 무엇이든 상관없으니 시작하겠다고 결심한 날부터 석 달 정도의 시간이 흘러, 나는 첫 논문을 완성했다. 그리고 이를 교토대학교의 《이학부기요理學部紀要》(1957년 제30호)에 발표했다. 영문으로 작성된 그 논문의 제목은 〈대수곡선의 산술적인 종수와 실효적인 종수에 관하여On the arithmetic genera and the effective genera of algebraic curves〉였다.

어느 정도 예상은 했지만, 이 논문에 대한 평가는 전반적으로 좋지 않았다. 가장 신랄한 평가는 미국의 〈Mathematical Review〉라는 잡지에 실린, 당시 캘리포니아대학교 버클리 캠퍼스의 맥스웰 로젠리히트Maxwell Rosenlicht 교수의 짧은 논평이었다. 상세한 내용은 기억나지 않지만, 로젠리히트 교수의 평은 대략 "이 논문의 주된 결과는 이미 그가 인용한 문헌 속에서 증명된 것 이상의 아무것도 아니다"라는 내용이었다.

논문을 쓸 때는 보통 마지막에 참고문헌을 열거한다. 나도 그 관례를 따라 참고문헌을 실었는데, 사실 그것들을 제대로 읽지도 않았다. 단지 '이건 관련이 있을 것 같다'는 감으로 적당히 골라 모은 것이었다. 그런데 로젠리히트 교수는 내가 열거한 참고문헌 중 하나인 그의 논문에서 내가 다룬 문제가 이미 해결되었다고 지적한 것이다.

파리 유학 시절, 27세에 필즈상을 받은 프랑스의 천재 수학자 장피에르 세르Jean-Pierre Serre를 만났을 때도 비슷한 지적을 받았다. "당신의 논문은 인용한 참고문헌에 대부분 이미 쓰인 내용이더군요." 물론 나름대로 독창적인 발상도 한두 가지 있긴 했지만, 결과적으로 그렇게 보였으니 변명의 여지가 없었다. 그 순간 나는 마치 쥐구멍이라도 찾아 숨어버리고 싶은 심정이었다.

그러나 그렇게 혹평을 받은 논문이었지만, 결국 쓰기를 잘했다고 생각한다.

첫째, 참고문헌을 상세히 이해하지 못한 실수를 저지르긴 했지만, 덕분에 논문 작성의 기본을 배울 수 있었다. 논문을 쓰기 위해서는 관련 문헌을 철저히 읽고 깊이 이해해야 한다는 점을 깨달은 것이다.

둘째, 이 졸작 논문을 통해 하나의 발판을 만들 수 있었다는 점이 매우 소중하다. 이 발판은 다음 논문을 준비하는 기점이 되었고, 두 번째 논문은 첫 번째보다 분명히 더 나은 결과를 가져왔다. 물론 세 번째 논문이 두 번째보다 더 나아졌다는 것은 두말할 필요도 없다.

셋째, 나는 이 논문을 씀으로써 자기 나름대로 착상을 키우려는 창조의 자세를 실제 체험을 통해 배우게 되었는데, 이것이 가장 가치 있는 성과였다.

미국의 정치가이자 과학자인 벤저민 프랭클린Benjamin Franklin의 에피소드를 인용하면, 그 말이 더 쉽게 이해될 것이다. '발명광'이라 불리는 프랭클린은, 번개가 칠 때 연을 날리는 실험으로 번개가 전기임을 증명하고 피뢰침을 발명한 것으로 유명하다. 어느 날, 그는 또 하나의 발명을 하고는 친구 집으로 뛰어가 자랑스럽게 보여주었다. 그러나 그의 끊임없는 발명에 약간 싫증이 난 친구는 이렇게 말했다. "도대체 그렇게 유치한 것을 만드는 게 뭐가 대단하며, 무슨 소용이 있나?" 이에 프랭클린은 옆에 누워 있던 갓난아이를 가리키며 반문했다. "그렇다면 이 아기는 무슨 쓸모가 있는가?"

프랭클린의 이 말은 중요한 것을 시사한다. 창조라는 것은 출발점에서는 모두 유치하다는 것이다. 다시 말해, 창조의 원형은 갓난아이와 같아서 충분히 성장해야만 그 이용 가치가 드러난다. 프랭클린은 창조의 과정이 아기를 키우는 것과 다르지 않다고 말한 셈이다.

갓난아이가 유아로, 소년에서 청년으로 성장하는 과정에는 누구도 바꿀 수 없을 정도로 사랑스러운 시기가 있는가 하면, 쫓아내고 싶을 정도로 미운 시기도 찾아온다. 하지만 부모가 아이를 예쁠 때만 키우고 밉다고 포기할 수는 없는 일이다.

창조도 마찬가지다. 출발점의 모습이 설령 갓난아이처럼 유치하고 보잘것없더라도, 도중에 포기하지 않고 인내심을 가지고 키워가야 한다. 왜 그럴까? 아이를 다 키워놓고 나서야 사회에서 그 아이의 가치를 알 수 있듯이, 물건도 완성해놓고 나서야 비로소 그 실제 가치를 알 수 있기 때문이다.

로봇 공학 분야에서 독특한 업적으로 '로봇 박사'라는

별명을 얻은 마쓰바라 스에오松原秀男라는 인물이 있다. 그는 산업용 로봇을 제작하는 회사의 사장이면서도 대단한 아이디어맨으로 알려져 있다. 나는 그가 제작한 여러 '무리 로봇'의 사진을 본 적이 있다. 흥미로운 점은 그 로봇들이 처음부터 특정한 목적을 위해 만들어진 것이 아니었다는 것이다.

20cm 정도의 소형 로봇 7개를 만들었는데, 처음에는 단지 무리를 진다는 특징만 있을 뿐, 이외의 목적은 없었다. 그러나 로봇이 완성된 후 그 특징의 기발함이 예상보다 뛰어나게 발휘되었고, 결국 바닥 청소 로봇과 같은 산업용 로봇으로 실용화되었다.

이와 같은 사례는 여러 분야에서 찾아볼 수 있다. 예컨대, 약학의 페니실린 발명이나 전자 분야의 반도체 발명도 처음 만들어졌을 때는 그 가치가 명확하지 않았다. 하지만 페니실린이나 반도체도 각각의 분야에서 만들어지기 전에는 예상하지 못했던 응용 방법들이 등장했고, 이후 새로운 발명의 출발점이 되었다. 이는 마치 아이를 어느 정도 키워놓으면 그다음에는 혼자 살아갈 수 있는 것과 같은 이치다.

나는 첫 논문을 쓰면서 창조라는 과정을 피부로 느낄 수 있었다.

체념도 필요하다

지금까지 창조의 기쁨과 내가 연구를 시작하게 된 계기에 대해 이야기했다. 이제는 창조를 되풀이하며 더 나은 결과를 만들어가는 데 있어 중요한 것이 무엇인지, 나의 체험을 통해 살펴보고자 한다.

첫 번째 논문을 쓰고 얼마 지나지 않아, 내 인생을 바꾼 중요한 전환점이 찾아왔다. 내가 사사師事하고 있던 아키즈키 교수가 미국에서 저명한 수학자 오스카 자리스키Oscar Zariski를 초청하여 강의를 부탁한 것이다.

자리스키 선생님은 하버드대학교의 교수로, 젊은 시절 로마에서 '대수다양체의 특이점 해소'를 연구하여 3차원까지의 해결에 성공한 세계적인 수학자였다. 그는 일본에 한 달간 머무르며 총 14번의 강연을 진행했다.

나는 자리스키 선생님 앞에서 완성 중이던 두 번째 논문 〈대국환상大局還上의 대수기하에 관한 노트 - 특수화 과정에 있어서의 힐버트 특성 함수 불변량A note on algebraic geometry over ground rings - The invariance of Hilbert characteristic functions under specialization process〉을 아키즈키 선생님의 소개로 설명할 기회를 얻었다.

결국, 이 일이 계기가 되어 두 선생님의 권유로 하버드대학교에 유학하게 되었다. 1957년의 일이었다.

하버드대학교는 미국 최고最古의 사립대학이다. 매사추세츠주의 주정부가 있는 중심 도시 보스턴의 동북부에 위치한 케임브리지시에 있다. 관광선으로 요코하마항에 정박하고 있는 히카와마루라는 배를 13일 동안 타고 워싱턴주 시애틀에 가서, 대륙 횡단 철도로 3일을 여행한 후 보스턴에 도착했다. 그 여행에는 여러 가지 추억이 많은데, 나중에 유학에 대해 이야기할 때 언급하겠다.

다시 자리스키 선생님의 이야기로 돌아가보자. 내가 하버드대학교에서 사사한 자리스키 선생님은 19세기 말, 러시아와 폴란드의 국경 근처에서 태어났다. 그는 유대인이었기 때문에 고난의 인생을 살아야 했던 것 같다. 20세 무렵 이탈리아로 피난해 로마에서 공부했고, 제2차 세계대전 이후에는 미국으로 이주하여 하버드대학교 수학과 교수로 임명되었다.

자리스키 선생님은 대단히 엄격해서 제자들이 꺼리는 존재였다. 그의 엄격함은 박사학위를 준 학생 수로도 드러난다. 보통 30년 정도 근무한 교수가 40명, 적어도 20명 정도는 박사학위를 수여하는 것이 일반적이다. 그러나 하버드대학교에서 30년 동안 재직한 그에게서 박사학위를 받은 제자는 10명 정도에 불과했다.

우선 자리스키 선생님은 제자를 많이 받지 않았다. 설사 받더라도 금방 다른 교수에게로 넘겨버리는 경향이 있었다.

내가 유학했을 때도 처음에는 나를 포함해 5명의 동기생이 자리스키 선생님 밑에 있었지만, 어느새 2명은 다른 교수 밑으로 가고 3명만 남았다. 한마디로 철저한 소수정예주의자였다. (여담이지만, 현재 하버드대학교 수학과에 장식된 공적자 흉상 중 생존 중에 만들어진 것은 자리스키 선생님의 흉상 하나뿐이다. 그의 제자 중 필즈상 수상자가 2명이나 배출되는 등 그가 남긴 공적 때문일 것이다.)

그러나 이렇게 엄한 은사에게 배운 것은 나로서는 큰 행운이었다. 그는 수학과의 주임교수로서 매우 바빴기 때문에 질문할 기회가 많지 않았다. 나에게 불리한 점이었지만, 다행히도 그 단점을 충분히 보완해줄 만한 뛰어난 대학원 동료들이 있었다.

그중 한 사람이 데이비드 멈퍼드David Mumford로, 그는 나보다 다섯 살 어린 21세에 하버드대학교 학부를 거쳐 대학원에 진학한 학생이었다. 대부분의 미국 대학에서는 학부 졸업생이 같은 대학의 대학원에 진학하지 못한다는 불문율이 있다. 특별히 같은 대학의 대학원에 진학하는 경우는 10년에 한 명 정도로, 이는 아주 특별한 영재에게만 해당된다. 멈퍼드는 그만큼 하버드대학교 학부 재학 시절부터 주목받은 보기 드문 수재였다. (그는 나 다음으로 1974년에 필즈상을 받았으며, 하버드대학교 수학 교수가 되었다. 그의 전공은 나와 같은 대수기하로, 이 분야에서 세계적인 권위자로 인정받고 있다.)

다른 한 사람은 마이클 아틴Michael Artin으로, 그는 나보다 세 살 아래였다. 프린스턴대학교를 졸업한 뒤 하버드대학원에 진학한 그는, 선생님의 간담을 서늘하게 할 정도로 빈틈없는 멈퍼드와는 달리 느긋한 성격으로 크게 눈에 띄지 않는 존재였다. 그러나 아틴은 본질적이고 장래성이 있는 것을 간파하는 능력과 독창적인 발상력에 있어서, 멈퍼드와는 차원이 다른 뛰어난 재능과 자질을 갖추고 있었다. (아틴은 매사추세츠공과대학교MIT 수학 교수가 되었고, 대수기하에서 독자적인 근사이론을 정립하여 세계적으로 널리 알려져 있다.)

이 두 사람은 대가족 집안에서 상인의 자식으로 성장한 나와는 전혀 다른 환경에서 자랐다. 그들은 전형적인 영재교육을 받은, 말하자면 타고난 천재들이었다.

내가 이 시기의 이야기를 할 때면 사람들은 흔히 "그렇게 잘하는 사람들과 같이 공부하면서 질투를 느끼지 않았습니까?"라고 묻곤 한다. 그럴 때마다 나는 항상 "아니오"라고 대답한다. 이미 말했듯이, 그들처럼 뛰어난 학생들과 함께 배운 것은 오히려 나에게 행운이었다. 그들 덕분에 하버드대학교에서의 유학 시절은 더욱 알차고 의미 있는 시간이 될 수 있었다.

멈퍼드나 아틴 외에도 그들에 못지않은 몇몇 영재들과 접할 기회가 있었지만, 한 번도 질투라는 감정을 느낀 적은 없다. 그것은 아마도 쉽게 체념하는 성격을 부모님에게서 물려받았기 때문일 것이다. '체념'이라고 하면 다소 소극적으로 들릴 수 있지만, 좋은 것을 창조하려는 사람은 어느 정도 체념할 줄도 알아야 한다. 학문의 세계에서도 마찬가지다.

물론 경쟁의식을 갖는 것은 나쁜 일이 아니다. 남과의 경쟁을 통해 자신도 발전할 수 있기 때문이다. 기업사회에서도 경쟁사에 맞서겠다는 의식을 가짐으로써 회사가 성장한 사례를 종종 볼 수 있다. 이러한 원리는 인간관계에서도 종종 비슷하게 작용한다.

이런 예를 보면 경쟁의식을 가짐으로써 노력해야 할 목표가 보다 선명해지는 것을 알 수 있다. 그러나 이를 위해서는 먼저 상대방의 우수성을 솔직히 인정할 수 있어야 한다. 상대를 인정하고 나아가 존경심까지 갖는다면, 상대가 성장할수록 자신도 함께 성장할 수 있는 발판을 마련하게 된다.

하지만 경쟁의식이 이렇게 긍정적인 결과를 가져오는 경우는 드물다. 대부분의 경우 좋지 않은 결과를 초래하기 쉽다. 이는 사람이 가진 정신 에너지 중 창조에 쓰이는 비율이 경쟁의식으로 인해 질투로 변질되면서 상당히 낮아지기 때문이다. 정신 에너지는 사고와 창조를 포함한 다양한 에너지를 말하는데, 이것이 남과의 우열경쟁에 소모되면 창조에 쓸 에너지가 줄어들게 된다. 그 결과, 목표에 집중해야 할 초점이 흐려지고, 결국에는 원하는 성과를 얻지 못하게 되는 것이다.

경쟁의식은 결과적으로 '좋은 경쟁의식'과 '나쁜 경쟁의식' 두 가지로 나눌 수 있다. 경쟁의식이 좋지 않은 결과로 이어진 사례를 살펴보면, 첫째로 경쟁자를 존경하기보다는 경멸하는 경향이 있고, 둘째로 그 안에 경쟁자를 밀어뜨리려는 의식이 끊임없이 작용하고 있음을 알 수 있다. 이는 결국 경쟁자를 질투하고 있다는 의미다. 질투심은 정신 에너지를 소모시키고 판단력을 흐리게 하며, 결과적으로 자신이 겨냥한 목표의 초점을 잃게 만든다. 심리학자들은 질투가 인간 특유의 감정이며, 모든 사람에게 존재한다고 말한다.

실제로 학문의 세계에서뿐만 아니라 일상생활에서도 우리는 자칫 선망의 마음을 넘어서 남을 질투하는 경향이 있다. 전문가가 아니기 때문에 나는 그 이상한 감정에 대하여 더 이상 설명하지 못하지만, 어쨌든 질투는 무언가를 창조하려는 사람에게는 정말 좋지 않은 감정이라고 단언한다.

그럼 어떻게 하면 좋은가? 여기서 체념하는 것이 필요하다.

상대가 안 돼서 단념했어요.
그래도 그리워 못 잊을 그 사람.

이것은 전쟁 전에 유행한 〈비에 피는 꽃〉이라는 노래의 가사인데, 유학 생활 동안 나는 가끔 이 노래를 흥얼거리곤 했다. 이 세상에는 상대가 되지 않을 정도로 우수한 사람들이 수두룩하다. 하버드대학교 시절의 멈퍼드와 아틴이 그랬다. 그런 우수한 사람들을 일일이 질투하는 것은 아무런 도움도 되지 않는다. 문제를 푸는 과정에서 그러한 영재들에게 뒤통수를 한 대 얻어맞은 듯하거나, 그들이 나와는 상대가 되지 않을 정도의 재능을 보였을 때, 나는 혼자 이 노래를 부르며 체념하곤 했다. 체념한다고 해서 모든 것을 포기하는 것은 아니다. 그렇게 하면 질투심이 생기지 않는다. 남을 질투하지 않으면 자신의 정신 에너지가 소모되지 않고 판단력도 둔해지지 않는다. 나는 결국 그것이 창조로 이어질 것이라고 생각한다.

체념하는 기술을 알아두는 것, 그것은 창조와 관련된 정신 에너지를 제어하고 증폭하는 데 매우 중요한 요소 중 하나다.

소박한 마음

 체념과 관련하여 또 한 가지 나의 체험담을 이야기하고 싶다.

 교토대학교 학창 시절에는 집에서 송금을 받지 못하던 때라, 나는 학비를 마련하고 때때로 동생에게 용돈을 보내기 위해 가정교사로 아르바이트를 했다. 그중 국민학교 남학생 한 명을 가르쳤는데, 그 아이를 가르치는 데 상당히 애를 먹었다.

 그 아이는 머리는 좋았지만 공부를 전혀 좋아하지 않았다. 내가 가르치면 이해 못 하는 것이 없었고, 그날 가르친 내용 중에서 문제를 내면 쉽게 풀었다. 그런데 그 아이는 복습을 전혀 하지 않았기 때문에, 다음 날이 되면 전날 배운 것을 깨끗이 잊어버렸다.

그런 일이 계속되던 어느 날, 참다 못한 나는 그 아이에게 "지난번에는 잘했는데 왜 지금은 못하지?"라고 물었다. 그러자 아이는 태연하게 이렇게 대답했다. "난 바보니까요." 나는 할 말을 잃었다. 만약 그 아이가 "복습을 안 했으니까요"라고 대답했다면, 나는 아마 "왜 복습을 안 했느냐?"라고 야단쳤을 것이다. "사실은 잘 듣지 못했습니다"라고 말했다면, "왜 주의 깊게 듣지 않았느냐?"라고 꾸짖었을 것이다. 하지만 "난 바보니까요"라고 말하니 더 이상 할 말이 없었다. 바보라면 잘 못하는 것이 당연하다고 생각되니 화를 낼 수도 없었다. 그 아이의 대답은 나에게 하나의 지혜를 깨우쳐주었다.

수학을 공부하다 보면, 문제의 90퍼센트를 해결했는데도 나머지 10퍼센트를 풀지 못해 막히는 경우가 자주 있다. 이는 수학자를 신경쇠약에 걸리게 할 만큼 답답한 상황이지만, 그렇다고 10퍼센트 때문에 전체를 포기할 수도 없는 노릇이다. 이럴 때는 물러서지 않고 끈기 있게 승부를 걸 필요가 있다.

그런 상황에 부딪힐 때마다 나는 가끔 그 아이의 명언을 소리 내어 말해본다. "난 바보니까요." 그러면 머리가 한결 가벼워진다. 눈앞이 밝아지고 마음에 여유가 생긴다. 어차피 나는 바보니까 못하는 것은 당연하고, 할 수 있으면 다행이라는 생각이 든다. 이렇게 '나는 바보다'라고 자기 자신을 다독이면, 경직된 상태에서 해방되는 것이다.

물론 이렇게 자세를 바로잡아도 나머지 10퍼센트를 도저히 풀지 못하는 경우도 있다. 그러나 이렇게 스스로 주저앉고 마음을 다잡음으로써 사고의 에너지가 되살아나고, 이제껏 경직되어 있던 발상이 새로워지면서 10퍼센트를 쉽게 풀게 된 경험도 있었다.

"상대가 안 돼서 포기했어요" 하고 체념하거나, "난 바보니까요" 하고 바로 주저앉아버리는 자세는 학문을 넘어 일상생활에서도 중요한 태도라고 생각한다. 이러한 체념의 기술과 바로 주저앉는 지혜는 큰 실수를 범한 뒤의 충격에서 다시 일어서게 하는 데에도 효과적이다.

컬럼비아대학교에서 교수로 있던 시절, 나는 큰 실수를 저지른 적이 있다. 그 무렵, 아주 재미있고 흥미로운 아이디어가 떠올라 연구 가치가 높은 '좋은 문제'를 발견했다. 이 문제를 통해 수학의 이론을 완성해보려는 야심 찬 계획을 세웠다.

그것은 기하학적인 문제로, 간단히 말하자면 무한급수로 정의된 데이터를 유한급수로 효과적으로 표현할 수 없겠느냐는 근사문제였다. 나는 우선 1차원과 2차원 같은 낮은 차원에서 연구를 시작했고, 좋은 방법을 찾아내는 데 성공했다. 약 반년이 걸려 얻은 그 연구 결과를 하버드대학교 세미나에서 발표하기로 했다.

그 세미나에는 하버드대학교의 교수들뿐만 아니라 다른 대학의 교수들도 적지 않게 참석하고 있었다. 나는 하버드대학교 세미나에 모인 쟁쟁한 교수들과 학생들 앞에서 내가 세운 이론을 자신 있게 발표했다. 발표를 마치자, MIT의 한 교수가 눈을 빛내며 말했다. "당신의 이론은 아름답습니다. 최고예요!"

수학자에게 '아름답다Beautiful!'를 능가할 만한 찬사는 없을 것이다. 영국의 수학자 버트런드 러셀Bertrand Russell은 한때 수학의 아름다움에 대해 이렇게 말한 적이 있다.

"수학은 진리뿐만 아니라 숭고한 아름다움을 지니고 있다. 그 아름다움은 조각처럼 차갑고 엄숙하며, 사람에게 직접적으로 호소하지도 않고 그림이나 음악처럼 화려한 장식도 없다. 그러면서도 장엄하리만큼 순수하며, 최상의 예술만이 가능한 엄격한 완벽에 도달할 수 있다."

러셀의 이 말처럼, '아름답다'라는 표현은 수학에서 최고의 찬사를 뜻한다. 나는 대단히 기뻤다. 동시에 이 이론을 3차원, 4차원으로 확장하고 매개변수의 수를 늘려 표현하며, 궁극적으로 일반론으로 발전시키겠다고 결심했다.

그 후 2년 동안 나는 그 연구에 몰두했다. 그러나 결국 벽에 부딪히고 말았다. 이 이론을 일반화하는 것은 불가능하지 않을까 하는 생각이 들기 시작했고, 거의 포기하려던 무렵이었다.

어느 날 밤늦게, 선배인 하버드대학교 교수로부터 뜻밖의 전화가 걸려왔다.

"독일 태생의 젊은 학자가 자네 이론과 비슷한 것을 일반론으로 완성한 것 같네."

그는 다소 동정 어린 어조로 말했다. 나는 그의 말을 다 듣기도 전에, 수화기를 쥔 손이 떨리고 온몸에서 힘이 빠지는 것을 느꼈다. 되도록 마음을 가라앉히고, 그 학자가 어떤 방법을 사용했는지 물었다. 그는 "바이어슈트라스의 정리를 쓴 것 같다"라고 대답했다.

'바이어슈트라스의 정리'는 19세기 독일의 수학자 카를 바이어슈트라스Karl Weierstrass가 만든 정리이다. (이중급수二重級數 정리, 특이점에 관한 정리, 콤팩트성에 관한 정리, 유리형 함수의 전개에 관한 정리, 콤팩트 집합상의 실수치 연속 함수에 관한 정리 등 여러 가지가 있다. 여기서 말한 것은 '바이어슈트라스의 예비정리'로 불리는 것이다.)

그 정리의 이름을 듣는 순간, 나는 마음속으로 '아!' 하고 외칠 수밖에 없었다. 2년 동안 연구해온 문제가 바로 그 정리를 통해 해결될 수 있음을 단번에 깨달았기 때문이다. 망연자실한 상태에서 점차 벗어나면서, 나는 벽에 부딪쳐 있던 문제에 '바이어슈트라스의 정리'를 적용해 보았다. 과연, 그다지 시간이 걸리지 않아 해결의 실마리가 보이기 시작했다. 선배 교수는 '것 같다'라고 모호하게 표현했지만, 그 젊은 독일 학자는 틀림없이 일반론으로 완성했을 것이다.

2년 동안 연구해온 수학 이론이 젊은 학자에 의해 해결되었다는 사실은 나에게 큰 충격이었다. 그러나 얼마 후 나는 그 충격에서 벗어나 다시 일어설 수 있었다. 그것은 '상대가 안 된다'고 체념하고, '나는 바보니까'라고 스스로 자세를 바로잡았기 때문이다. 이렇게 생각을 바꾸고 긍정적으로 전환하지 않으면, 다음의 새로운 문제에 손을 댈 수 없을 뿐만 아니라, 더 나아가 새로운 창조의 여정을 시작할 수도 없다. 수학이라는 학문은 본래 그런 것이다.

나는 이 실패를 통해 창조 과정에서 가장 중요한 것이 무엇인지를 배울 수 있었다.

그 전화를 받았던 날 밤, 충격과 불면으로 한숨도 못 잔 나는, 다음 날 무거운 마음을 안고 보스턴 교외의 역사 깊은 마을 콩코드에 있는 코르도바박물관에 갔다. 사람들의 눈에 띄지 않는 곳에서 혼자만의 시간을 갖고 싶어서였다.

그 박물관에 있는 나무 밑에 앉아 주변 풍경을 바라보며 여러 가지 사색에 잠겼다. 시간의 흐름조차 느끼지 못했다. 만약 그때의 내 모습을 누군가 보았다면, 날개가 부러진 겨울 까마귀처럼 보였을 것이다. 헛되게 보낸 2년이라는 세월의 무게가 양어깨를 짓눌러 숨이 막힐 지경이었다. 그 2년 동안 다른 수학자들은 얼마나 충실히 연구를 했을까를 생각하니 허무함이 밀려왔다.

인형처럼 멍하니 앉아 있는 동안, 나는 왜 2년간의 피나는 노력이 열매를 맺지 못했는지 다시 생각하기 시작했다. '바이어슈트라스의 정리'는 100년 전부터 있었다. 나는 이전에 그 정리를 활용해 성공을 거둔 적도 있었다. 그런데도 왜 이번에는 이 정리를 쓰면 된다는 생각을 하지 못했을까?

생각나는 일이 하나 있다. 하버드대학교 세미나에서 연구 결과를 발표했을 때, MIT의 교수로부터 받은 "아름답다!"라는 찬사에 기분이 좋아진 나는, 그 후 나의 방법을 고집하게 되었던 것이다. 이 고집은 편견을 낳았고, 그 편견을 다시 고집하는 악순환을 되풀이하면서 결국 새로운 각도로 문제를 보는 태도를 잊어버렸다. 무의식중에 나는 '이 방법으로 못 풀면 현대 수학으로서는 풀 수 없을 것이다'라는 독선적인 생각을 품게 되었다. 그렇게 형성된 엄청난 편견을 향해 2년 동안 돌진했던 것이다. 그 결과, 나는 문제를 더 복잡하게 만들었고, 결국 미로 속에서 헤매는 데 시간을 보낸 셈이었다.

사람은 성공을 경험하면서 자칫 소박한 마음을 잃어버리기 쉽다. 내가 실패한 이유도 바로 그 때문이었다. 문제에 대해 솔직하고 소박한 마음을 유지했더라면, 원점으로 돌아가 나의 방법을 자세히 점검했을 것이다. 그리고 그 과정에서 전에 내가 사용해 효과를 보았던 '바이어슈트라스의 정리'가 관건이 된다는 사실을 어렵지 않게 깨달았을 것이다.

소박한 마음을 잃지 않는 것, 그것이야말로 창조의 기반이 아닐까? 내가 이 사실을 깨달았을 때는 어느새 황혼이 가까워져 있었고, 나는 어느 정도 힘을 되찾았다.

나는 사람들이 사인을 요청할 때 '소심심고素心深考'라고 쓴다. "소박한 마음으로 돌아가 다시 깊이 생각하라"라고 나 자신을 늘 타이르고 있기 때문이다. 이 역시 그때의 상황이 나의 의식 속에 강렬히 남아 있다는 증거일 것이다.

사람이 계속 배워나가기 위해서는 작은 것이라도 '성

공 경험'을 많이 쌓아 올리는 것이 중요하다. 이는 창조의 단계에서도 마찬가지다. 작은 성공을 통해 기분이 좋아지고, 그 쾌감이 다음의 더 큰 창조를 불러오는 경우가 자주 있기 때문이다.

그러나 보통 사람이 우수한 창조를 이루기 위해서는 성공 경험만으로는 충분하지 않다. 때로는 성공에 필요한 만큼 노력했음에도 불구하고 실패하는 경험도 필요하다. 창조의 본질, 구체적인 방법, 그리고 그 바탕이 되는 핵심은, 천재가 아닌 우리에게는 실패를 통해서만 몸소 터득할 수 있기 때문이다.

실패를 통해 얻은 노하우를 바탕으로, 보다 나은 창조에 도전하는 방법밖에 없다고 생각한다.

사실과 억측을 구분하자

 '소박한 마음'이 창조에 있어서 왜 중요한가를 논하기 전에, 먼저 수학이라는 학문의 특징이 무엇인지 살펴보자. 그리고 내가 수학 연구자로서 창조를 계속해나가기 위해 평소 스스로에게 다짐하는 것에 대해 이야기하려 한다. 이는 수학자로서의 연구 태도이자 한 인간으로서의 생활 태도이기도 하다.

 우선, 수학이라는 학문의 특징은 네 가지로 요약할 수 있다. 첫째, 수학에는 정확한 '기술'이 요구된다. 방정식이든, 미적분이든, 기하든 문제를 정확히 풀지 않으면 수학이라는 학문은 성립하지 않는다.

 둘째, 수학은 '사상'으로서의 측면을 갖고 있다. 수학은 모든 과학의 기본이 되며, 사람의 관점이나 자연관이 수학에 큰 영향을 미친다. 농경 중심의 이집트 문명이 기하학과 수 연산법을 발전시켰고, 해양 민족이었던 그리스인이 과학의 기반을 닦았던 것도 이러한 맥락에서 이해할 수 있다.

셋째, 수학은 '추상성'이 강하다는 점이다. 이는 수학의 본질과 깊이 관련되어 있다. 수학은 여러 가지 현상 그 자체가 아니라, 그 속에 존재하는 공통된 개념이나 관점을 추상화하여 생각하는 것이 특징이다. 수학에서 조화와 질서의 아름다움이 요구되는 것도 그 때문이다.

넷째는 '국제성'이다. 칸토어가 "수학의 본질은 그 자유성에 있다"고 말했듯이, 수학의 세계는 궁극적으로 이해관계나 국력과 무관한, 완전히 자유롭고 개방된 세계이다.

이상과 같이 수학에는 '기술성', '사상성', '추상성', '국제성'의 네 가지 특징이 있다.

그러면 이러한 특징을 이해한 뒤, 내가 어떠한 학문적 자세를 취해왔는지 이야기해보겠다. 물론 이러한 자세는 학문에만 국한되지 않고, 일반적인 인생에서도 중요한 태도라 생각한다.

우선, 무엇이 '사실'이며 무엇이 '억측'인지를 분명히 구분하고, 사실은 사실로서 있는 그대로 받아들여야 한다. '사실'이란, 예를 들어 거꾸로 보거나 옆으로 보아도 바뀌지 않는, 움직일 수 없는 엄숙한 것이다. 이렇게 말하면 당연하다고 생각할지 모르지만, 사실을 사실 그대로 받아들이는 일은 말처럼 간단하지 않은 경우가 많다.

최근 출판계에서는 논픽션이나 다큐멘터리 같은 작품이 주목받는 경향이 있다. 그런 흐름 속에서 논픽션 작가인 야나기타 쿠니오柳田邦男와 '사실'에 대해 대화할 기회가 있었다.

야나기타의 저서 《사실을 보는 눈》에는 다음과 같은 말이 있다.

"흔히 논픽션의 진수는 '사실로 하여금 말하게 한다'라는 데 있다고 한다. 이 말은 논픽션을 성립시키는 두 가지 조건을 잘 표현하고 있다. 하나는 이야기할 '사실'을 발굴해야 한다는 것, 다른 하나는 그 '사실'을 독자의 공감을 얻는 형태로 이야기해야 한다는 점이다. 즉 작품화해야 한다는 것이다. 좋은 논픽션을 쓰려고 할 때 먼저 부딪치는 벽은 무엇보다도 그 '사실'을 발굴하는 어려움이다. 웬만한 취재로는 알아낼 수 없을 정도의 '사실'을 제시해야만, 거기에서 논픽션의 진수가 자연히 드러나는 것이다."

사실을 사실로 받아들이는 것이 얼마나 어려운 일인가

를 야나기타는 지적하고 있다.

또 다른 예를 들어보자. 이전에 언급했듯이, 사람의 두뇌는 컴퓨터나 로봇과 달리 관용성을 가지고 있다. 이 때문에 '지혜'라는 것이 생겨나지만, 반대로 이로 인해 뜻밖의 과오를 범하거나 사실을 잘못 인식할 때도 있다.

예를 들어, 어느 젊은이가 사랑에 빠졌다고 가정해보자. 그의 마음속에는 상대방도 자신을 좋아해주기를 바라는 소망이 생긴다. 그러다 보면 이 소망은 점차 '혹시 상대방도 나를 좋아할지도 모른다'라는 기대감으로 변하고, 그 기대가 커지다 보면 결국에는 '상대방도 나를 좋아한다'라는 확신에까지 이르게 된다.

이처럼 사람은 관용성이 있기 때문에 어떤 현상을 보고 사실과 다르게 사고할 수 있으며, 연상이나 추측에 의해 상상을 점점 키워나가다가 마침내는 그 상상을 사실인 것처럼 받아들이게 될 수도 있다.

그런데 이 젊은이의 희망적인 추측과는 달리, 실제로는 상대방이 그에게 전혀 호감을 가지고 있지 않다고 하자. 만일 그가 프로포즈를 한다면 상대방은 이를 거절할 것이고, 혹은 그가 모르는 사이에 다른 남자와 연애를 할 수도 있다. 그러면 그는 그녀에게 배신당했다고 생각하며, "그토록 사랑했는데"라고 상대방에게 따지고 싶어질 것이다. 심지어는 제삼자에게 피해를 줄 정도로 상황이 발전할 수도 있다.

신문이나 텔레비전 등에서 매일같이 보도되는 사람과 사람 사이의 문제나 사건, 크게는 국제 분쟁에 이르기까지, 그 원인은 억측과 사실을 혼동하는 데서 비롯되는 경우가 많다.

리처드 닉슨 전 미국 대통령이 워터게이트 사건으로 사임 위기에 몰렸을 때, "내가 무엇을 했단 말이냐?"라며 울면서 주저앉았다고 한다. 그때 사건과 관련된 사실을 있는 그대로 공표하고 국민 앞에서 적절히 책임을 졌더라면 사임에까지 이르지는 않았을 것이다. 대통령의 권위라는 이미지에 안주한 희망적 관측이 판단을 흐리게 하고, 사실을 은폐하고 왜곡하게 만들었다. 결국 닉슨은 무리한 공작을 통해 은폐와 거짓을 거듭한 끝에 사임으로 이어진 것이다.

또한 '선입관'이라는 말이 있는데, 이는 수학 문제를 풀거나 상대방을 평가하거나 남의 생각을 짐작할 때 방해가 되곤 한다.

수학 문제를 풀 때, 답이 어떻게 될지 모른다고 생각하기보다는 처음부터 답이 있다고 전제하는 경우가 있다. 사람에 대한 평가에서도 외모에 대한 첫인상이나 주변 사람들의 의견에 영향을 받아 그 사람을 올바르게 평가하지 못할 때가 있다. 어느 쪽이든 선입관이 너무 강해 객관성을 잃어버린 경우다.

'쓸데없는 걱정' 역시 사실 인식을 흐리게 하고 문제를 일으키는 요인이 되기도 한다. 예를 들어, 병에 대한 불안이 지나쳐 다른 병까지 얻게 되거나, 일에 대한 불안이 너무 커서 자신의 실력을 충분히 발휘하지 못하는 등의 예는 수없이 많다.

이와 같이 희망적 관측이나 선입관, 쓸데없는 걱정은 사실과 억측의 차이를 분간하지 못하게 하여, 사실이 아닌 것을 사실이라고 생각하게 만드는 데 그 근본적인 오류가 있다. 바꾸어 말하면, 사실을 사실로서 정직하게 받아들이지 못하고, 사실과 상상의 경계를 분간하지 못하는 것이다.

말로는 간단해 보이지만, 사실을 있는 그대로 받아들이는 것은 생각보다 어렵다. 그래서 나는 이 점을 항상 스스로에게 되새기고 있다. 그렇지 않으면, 살아가는 데나 학문을 하는 데 있어서 예상치 못한 과오를 범하기 쉽기 때문이다. 어디까지가 사실이며, 어디까지가 희망적 관측 또는 억측인지 확실히 인식하는 것은 매우 중요하다.

독자적인 목표, 패기에 찬 가설

 학문을 하는 데 있어 또 한 가지 대단히 중요한 것은 '목표'를 정하는 것이다. 목표가 없으면 앞으로 나아갈 정신적 에너지를 만들어내기가 어렵기 때문이다. 목표를 확실히 가지고 있는지 여부에 따라 사람의 성장은 크게 달라진다. 그 목표에 도달하는 자체가 중요한 것이 아니라, 목표가 그 사람을 끌어당기는 힘이 되어 일을 하게 하고, 그 과정에서 발전과 진보를 이루게 하기 때문이다.

 이렇게 말하면 젊은 독자들 중에는 "대학 입시를 목표로 공부하는 것도 의미가 있다"고 말하는 사람이 있을지도 모른다. 입시 공부를 젊은 시절 도전의 하나로 본다면 그렇게 생각할 수도 있다. 마치 고등학교 야구선수들이 모교의 명예를 위해 고시엔甲子園(효고현에 위치한 야구장의 이름인 동시에 해마다 8월 중순, 지방 예선을 통과한 49개 팀이 출전해 14일 동안 승부를 가리는 전국 고교 야구대회의 명칭으로 더 유명하다―옮긴이)에서 마음껏 뛰는 것이, 장래에 운동을 직업으로 삼지 않더라도 거친 세파를 슬기롭게 헤쳐나갈 정신력의 바탕이 되는 것처럼, 입시 공부를 특수한 지적 스포츠로 삼아 긴장감을 극복하는 정신력과 지혜를 키우기 위한 도전으로 생각한다면, 그것도 의의가 있고 소중한 경험이 될 수 있다고 본다.

그러나 그런 목표는 어디까지나 일시적인 것이며, 대부분 대학에 합격하자마자 사라져버린다. 따라서 보다 큰 관점, 예컨대 인생의 목표라는 관점에서 바라본 '공부'도 필요하다. 그렇다고 해서 '대학 입시'가 인생의 목표가 절대 될 수 없다고 말하는 것은 아니다. 다만 입시 공부처럼 대학에 합격하자마자 사라지는 목표가 아니라, 대학에 들어가고 실제 사회에 나가서까지도 퇴색하지 않을 목표가 있어야 한다. 공부는 특별히 대학에 들어가기 위해서만 하는 것은 아니기 때문이다.

나 자신의 경우를 보더라도 입시 공부의 경험은 귀중했다. 나도 대학 입시 전 3개월 동안은 전력을 다해 공부했다. '사회 과목은 잘 못하니까 이만큼 시간을 더 할애하자, 수학과 영어는 자신 있지만 다시 복습해두자, 물리는 이 정도로 하고, 국어(일본어)는…….' 이렇게 한정된 시간 안에서 최대의 효과를 올릴 수 있도록 계획을 세워 공부했다.

'다른 사람과 비교할 필요는 전혀 없다. 자기 자신의 목표를 가져야 한다.' 이렇게 생각한 나는 친구들이 어떤 과목을 어느 정도까지 공부하고 있는지 전혀 신경 쓰지 않았다. 나보다 공부가 앞서 있을 것 같은 친구도 몇 명 있었지만, 그것도 신경 써봐야 소용없다고 생각했다.

이 경험은 수학자가 된 후, 나보다 훨씬 머리가 좋은 수학자들과 어울릴 때도 조금도 자신을 잃지 않고 독자적인 연구 과제를 추구해나가는 데 큰 도움이 되었다. 이렇게 보면 목표 그 자체도 중요하지만, 그 목표를 향해 밀고 나가는 에너지가 더 중요하다고 할 수 있다. 이는 학문의 세계뿐만 아니라 예술의 세계에서도 통하는 원리다.

노벨 물리학상 수상자인 에사키 레오나江崎玲於奈에게서 들은 이야기인데, 물리학이나 공학의 연구에서는 과학자들이 예측한 대로 결과가 나오는 경우도 있지만, 목표에 도달하는 과정에서 뜻밖의 대발견을 하거나 애초의 목표에서 벗어난 덕분에 결과적으로 대발명의 계기를 잡는 경우도 많다고 한다.

그러나 행운이라고 말할 수 있는 새로운 발견도 하나

의 목표를 세워 부단히 노력한 결과라는 것은 너무나 자명한 사실이다. 곰팡이에 대한 기초 연구 과정에서 페니실린이 발견된 사실은 그 좋은 예라고 할 수 있다. 이야기가 '목표'라는 주제에 너무 집중된 것 같으니, 같은 맥락에서 '가설假說'에 대해 언급하고자 한다.

이 '가설'에 관해서는 서양 사람과 일본 사람의 사고방식이 상당히 다르다. 서양 사람은 먼저 가설을 세운 후, 연역演繹의 방법으로 사고한다.

나는 미국 학생들에게 이런 질문을 자주 한다.

"자네들은 지금 무엇을 연구하고 있나?"

그러면 미국 학생들은 우선 자신이 세운 가설을 설명한다. 그런데 같은 질문을 일본 학생들에게 하면 대부분 이렇게 대답한다.

"저는 대수를 공부하고 있습니다" 또는 "기하를 공부하고 있습니다".

요컨대, 미국 학생들의 사고방식은 먼저 가설을 세우고, 그 가설로부터 여러 가지를 연역해본 후, 안 되면 가설을 바꾸면 된다는 식이다. 반면 일본 학생들은 무엇인가를 먼저 공부해보고, 그 내용을 바탕으로 논문을 써야겠다고 생각한다. 그리고 그것이 시시해지면 방향을 바꾸거나 지금까지의 방법을 개선하는 식으로 연구를 진행하는 태도를 보인다.

 가설을 세우는 일은 어떤 의미에서는 용기가 필요하다. 수학이든 물리든 처음에 세운 가설은 대부분 좋지 않다고 여겨지는 징크스가 있기 때문이다. 그러나 가설을 세워 열심히 연구하는 과정에서 생각지도 못했던 발견이 생긴다. 따라서 나는 잘못된 가설일지라도 먼저 가설을 세워야 한다고 생각한다. 그런 의미에서, 젊은 독자 여러분이 앞으로 창조적인 일을 하려 한다면, 가설을 세워서 연역하는 사고방식을 적극적으로 받아들이도록 권하고 싶다.

나무와 숲을 함께 보려면

 사실을 사실로 인정한 뒤 가설을 세우고 이를 향해 전진하기 위해서는, 구체적인 방법론으로 상황을 철저히 '분석'하는 것이 필요하다. 그렇다면 분석이란 무엇인가? 이를 설명하기 위해 '성城의 공략'을 예로 드는 것이 좋을 것 같다.

 난공불락難攻不落으로 유명한 성이 하나 있고, 이 성을 공격해 자기 것으로 만들려는 어떤 무장이 있다고 하자. 어떤 성이든 자기 부대가 공격하면 단숨에 무너뜨릴 수 있을 것이라고 생각하며 "자, 가자!"라고 무작정 명령부터 내린다면, 그 무장은 이류나 삼류에 불과할 것이다. 일류의 무장이라면 먼저 성의 구조, 주변의 지형과 지물, 적의 병력 등을 샅샅이 조사하고 연구할 것이다. 이것이 바로 분석이다.

사람은 살아가는 동안 전혀 상상도 못 했던 어려운 문제에 부딪히는 경우가 많다. 그럴 때 문제를 직선적으로, 한꺼번에 해결하려는 태도는 성의 주변을 포위해 단숨에 쳐들어가려는 것과 같다. 그러한 방식으로는 난공불락의 성을 공략할 수 없는 것처럼, 어려운 문제를 해결하는 것도 불가능할 것이다.

그래서 분석이 필요하다. 문제를 조각조각 나누어 하나씩 자세히 살펴보고, 마치 무장이 바늘구멍만 한 돌파구를 찾듯이 해결의 실마리를 찾아내야 한다.

지난 500년 동안 서양 학문, 특히 자연과학의 발전이 눈부셨던 이유는 다름 아닌 분석 능력에 있어서 서양 사람들이 동양 사람들과 비교할 수 없을 정도로 우수했기 때문이다. 이 점은 수학의 세계에서도 마찬가지다.

일본 에도 시대의 수학자인 세키 다카카즈關孝和가 남긴 업적은 발상의 측면에서는 같은 시대의 서양 수학자들과 비교해도 별로 손색이 없지만, 분석 면에서는 역부족이었다.

어떤 철학자가 지적한 바에 따르면, 서양 사람은 한 가지 문제가 있으면 그것을 여러 가지 요소로 나누어 모든 각도에서 철저히 알아본다. 이에 반해 동양 사람은 한 가지 문제가 있으면 그것과 비슷한 문제들을 계속 모아 큰 지혜 보따리 같은 것에 집어넣는다. 시간이 지나면 그 보따리는 우주만큼 커지고, 논쟁도 우주적인 규모로 확대되어 결국 처음의 문제는 어디론가 사라져버린다고 한다. 내 경험에 비추어 보아도 이는 꽤 재미있는 지적이라고 생각된다.

분석 방법은 크게 상징적인 분석과 논리적인 분석으로 나눌 수 있다. 상징적인 분석이란, 사람에게 육체와 영혼이 있다는 것을 하나의 상징으로 설정하고, 그로부터 사고를 전개해나가는 방식이다. 이 방법은 약간 모호한 점이 있지만, 어느 정도의 분석을 통해 전체적인 모습을 파악하려는 접근 방식으로, 대체로 동양 사람들이 잘하는 방법이다.

반면, 논리적인 분석은 논리적으로 설명할 수 있는 요소를 일단 결정하고, 이를 조립해가는 방식이다. 이 방식의 단점은 논리적으로 설명할 수 없는 부분을 무시하거나 포기하게 되므로, 결과적으로 전체적인 모습을 제대로 파악하지 못할 가능성이 있다는 점이다.

이들 두 가지 분석 방법 이외에 또 한 가지로 '극한 분석極限分析'이 있다. 14세기경 이탈리아에서 시작된 르네상스는 15~16세기에 이르러 유럽 전반으로 퍼져 나가며 갈릴레오 갈릴레이Galileo Galilei, 요하네스 케플러Johannes Kepler, 뉴턴 등과 같은 뛰어난 과학자들을 배출했다. 이들의 연구를 살펴보면 공통적으로 극한 분석이라는 사고방식이 존재함을 알 수 있다.

'극한 분석'이란 문자 그대로 한 가지 문제를 극한까지 철저히 추구해 대단히 단순하고 명쾌한 결론을 도출하는 것이다. 예를 들어, 갈릴레이가 발견한 '물체 낙하의 법칙'이 대표적인 사례다. 이 법칙은 진공 상태에서 물체는 모양이나 성질, 크기, 무게에 관계없이 일정한 속도로 떨어진다는 원리이다.

그러면 분석에서 무엇이 중요한가? 나는 수학이라는 학문의 한 특징으로 '추상성'을 꼽았는데, 이 추상성이 방금 언급한 상징적 분석이나 극한 분석과 깊은 관련이 있다. 예를 들어, 울퉁불퉁한 산과 계곡이 있는 지구를 흔히 구면球面으로 간주한다. 왜 그렇게 보아야 할까? 이는 울퉁불퉁한 세부를 무시하고 대국적인 특징을 잡아 구면이라고 하는 것이, 지구의 자전이나 운행에 관한 계산을 보다 단순하고 명쾌하게 해결할 수 있기 때문이다.

추상이란 구상具象과 대치되는 말로, 보통 구체적인 조건, 요소, 현상을 무시하고 보편적인 근본 원리를 알아내는 방법이다. '지구는 구면이다'라는 식으로 전반적인 특징을 잡아 상징화하는 것도 추상의 개념에 포함된다. 분석을 하기 위해서는 현상을 추상화할 필요가 있다. 추상이 없는 분석은 문제 해결에 도움이 되지 않는 경우가 많다.

수학자가 이론을 창조하기 위해 분석할 때도 추상이 필요하다. 가능한 한 구체적인 요인을 무시하고 제약적인 조건을 하나씩 제거하면서 보편성을 점점 확대해나간다. 수학을 추상의 학문이라 말할 수 있을 정도로 추상은 수학자에게 중요하다.

수학에는 또한 '표현'이라는 측면이 있다. 추상에 의해 생긴 개념을 이미지가 뚜렷한 구체적인 상황에서 재표현하는 것이 수학에서 말하는 '표현'이다. 지나치게 추상적인 개념은 논리적으로 정확하더라도 무슨 말인지 잘 이해되지 않는 경우가 많다. 그러나 그 개념이 구체적인 문제를 통해 표현되었을 때는 그 뜻이 명확히 이해되므로, 표현이 필요한 것이다.

표현에는 개념을 충실히 전달하려는 태도와 개념을 상징적으로 나타내려는 태도가 있다. 후자의 표현 방법은 추상의 또 다른 면인 '상징'을 사용하는 것으로, 근대 수학에서 대단한 발전을 이루고 있다.

줄거리에서 다소 벗어나는 이야기지만, 수학에서의 추상과 표현이라는 두 가지 측면은 예술, 특히 음악과 공통점이 있다. 수학자들 중에 음악 애호가가 많은 것도 이 점에서 감정적으로 통하기 때문이라고 여겨진다.

음악의 아름다움은 단순히 음의 아름다움 이상으로, 음 구조의 아름다움에 있다고 생각한다. 근대 수학에서도 구조라는 개념이 대단히 중요시된다. 음악의 구조 선택에는 미감美感이 중요한 역할을 하는데, 수학에서 구조를 선택할 때도 이와 비슷한 '미감'이 많은 도움이 된다.

창조는 여러 가지 필요한 요소들이 통합되어 이루어진다. 따라서 단순히 무엇을 배운다고 해서 창조가 가능한 것은 아니다. 그렇기 때문에 보다 기본적이고 기초적인 훈련이 필요하다.

이런 면에서 창조의 방식은 음악과 수학이 매우 비슷하다고 생각한다. 중학교 시절 음악에 열중했던 것이 헛되지 않았다고 느끼는 것도 바로 이런 이유에서다.

이야기가 주제에서 다소 벗어났지만, 분석이라는 것의 참된 의미를 이해하기 위해 지금까지의 이야기를 참조해주었으면 좋겠다. 다만, 한편으로는 분석에도 한계가 있다는 점을 잊어서는 안 된다.

최근 촬영 기술의 발달로 단층촬영을 통해 사람의 뇌 구조나 혈액의 흐름 등 세부적인 변화를 분석할 수 있게 되었다. 그러나 그렇게 세부를 분석해 데이터를 쌓아 올린다 해도 여전히 풀리지 않는 미지의 영역이 사람의 뇌에는 많이 남아 있다.

신경세포는 재미있는 특성을 갖고 있어서 어떤 한계를 넘는 자극에만 뚜렷하게 반응한다. 모든 자극에 흥분한다면 아마 머리가 터져버릴 것이다. 또 자극이 일정한 한계를 넘으면 갑자기 흥분하게 되지만 자극이 없어지면 천천히 식는다.

그러나 보다 종합적인 정신활동, 예컨대 애정이라든가 욕망을 각 신경세포의 자극과 반응의 조합으로써 설명할 수 있을까? 그러한 방법에 한계가 있지 않을까? 고도의 정신활동은 뇌의 세부를 분석해도 알 수 없는 것이 대부분이다. 이와 같이 분석이 아무리 완벽하고 치밀하더라도 이 세상에는 분석만으로는 풀 수 없는 문제가 많이 있다.

다시 말해, 모든 것에는 전 세계적인 특성이 있으며, 대국적 구조가 있다는 점을 인식할 필요가 있다. 예를 들어, 아주 우수한 선수들로만 구성된 야구팀이 항상 시합에서 이길 수 있느냐 하면, 반드시 그렇지는 않다. 팀의 힘은 각 선수의 능력을 단순히 더해서 계산할 수 있는 것이 아니다. 공동활동이 단순히 더하기에 불과하다면 큰 의미가 없을 것이다. 팀의 힘은 곱하기와 같기 때문에 특별한 의의를 갖는다. 이것이 바로 대국적大局的 특성이다.

대국적 특성 가운데는 '기운과 시운'이라는 것이 있다. 어떤 계기를 통해 의외의 힘을 발휘하거나 예상치 못한 성장을 이루는 경우가 그것이다. 기세나 분위기처럼 보통 척도로는 측정할 수 없는 종합적인 특성도 있다. 그러나 대국적인 특성은 각 상황, 문제, 연구 과제, 혹은 각 개인의 입장에 따라 다르게 나타나기 때문에 이해하기가 매우 어렵다. 그럼에도 불구하고 이러한 특성이 존재하며, 그것이 의외의 가능성을 열어준다는 점을 알아두어야 한다.

이 대국적인 특성은 바둑이나 장기에서 말하는 '대국大局'과도 통하며, 모든 분야에 적용될 수 있다. 특히, 분석만으로는 해결의 실마리를 찾을 수 없을 때, 대국을 보는 것이 중요하다. 그러면 의외로 해결을 위한 단서를 발견할 수가 있다.

단순하고 명쾌하게

나는 늘 스스로에게 문제의 답은 단순하고 명쾌해야 한다고 되뇌곤 한다. 이와 관련해 특이점 해소 문제에 대해 귀중한 통찰을 준 오카 키요시岡潔 선생님과의 추억을 이야기해보고자 한다.

내가 오카 선생님을 처음 뵙게 된 것은 교토대학교 대학원에 입학한 무렵이었다. 당시 선생님은 나라여자대학교의 교수로 계셨고, 프랑스를 비롯한 여러 나라에서 선생님의 이론이 널리 응용되고 있었다. 나는 교토대학교에서 열린 오카 선생님의 특별 강연을 들었다.

지금은 선생님의 강의 내용이 잘 기억나지 않는다. 솔직히 말하면, 당시 나는 선생님의 이야기에 별다른 흥미를 느끼지 못했다. 그 이유 중 하나는 선생님의 강의가

지나치게 고상해서, 당시 내가 공부하던 수학과는 관련이 없는 이야기들이 대부분이었기 때문이다. 또 다른 이유는 강의가 너무 추상적이어서, 그것이 수학을 말하는 것인지, 철학이나 종교를 이야기하는 것인지조차 분간하기 어려웠던 점이었다.

"수학 문제는 방정식을 써서 차근차근 풀어봐야 소용이 없다. 부처의 경지에 도달하면 모든 것이 쉽게 풀릴 것이다."

정확하지는 않지만, 아마 선생님께서 이와 비슷한 말씀을 하셨던 것으로 기억한다.

강의를 듣고 있던 다른 학생들은 선생님의 입에서 나오는 신비로운 표현과 깊은 철리哲理에 거의 매료된 듯했다. 정말로 선생님의 강의는 이전에 들어본 적 없는 참신한 내용들이었다. 물론 선생님의 높은 명성도 한몫했겠지만, 학생들은 마치 한 교조敎祖를 경외하듯 선생님을 바라보고 있었다.

두 번째 강의도 마찬가지였다. 선생님은 여전히 자신의 고매한 철리를 끊임없이 말씀하셨다. 결국 나는 강의 도중 교실을 나와버렸다. 이런 선생님의 논리로는 수학을 할 수 없다고 생각했기 때문이다.

요컨대 오카 선생님은 수학을 하기 위해서는 기술을

초월해야 한다고 말씀하신 것이다. 실제로 선생님은 제자가 되고 싶어 하는 사람들을 절로 데려가 좌선을 시키거나, 도겐道元(일본의 명승)의 《정법안장正法眼藏》을 읽게 했다는 이야기를 들은 적이 있다. 기술을 초월하지 않으면 수학을 할 수 없다는 것을 그러한 방식으로 가르치신 것이다.

"기술을 뛰어넘어라."

이 말은 여러 분야에서 흔히 들을 수 있다. 검도劍道의 세계에서도 고단자의 대가들은 "기술 따위에 신경 쓰지 마라. 오직 심기를 단련하는 데만 집중해라"라고 말한다고 한다. 스포츠나 예술의 세계에서도, 도를 닦아 경지에 오른 사람들의 말에는 이런 공통점이 있다.

그러나 '기술을 초월하라'는 말은 이미 기술을 충분히 익힌 사람에게나 해당하는 이야기다. 아직 기술을 터득하지 못한 사람에게는 그것을 초월하는 것이 애당초 불가능하다. 오카 선생님의 강의는 홈런 기술을 완벽히 익힌 오 사다하루王貞治(일본 프로 야구 홈런왕)가 고교 야구선수에게 "홈런을 치려면 공을 위에서 때리듯이 쳐야 한다"고 말하는 것과 비슷하다. 어느 정도 타격 기술이 갖춰진 선수라면 이 충고에 따라서 홈런을 칠 수도 있을 것이다. 하지만 고교 야구선수 수준의 실력으로 그대로 따라 한다면, 결과는 잘해야 땅볼에 그칠 가능성이 높다.

이런 이유로 나는 오카 선생님의 강의를 듣는 것을 중단했다. 선생님의 말씀에 휘말릴 위험을 미리 피하려는 결정이었다. 고매한 선생님의 강의를 듣는 것보다는, 수학의 기술적인 책을 읽는 것이 당시의 나에게 훨씬 더 중요하다는 것을 스스로 되뇌며 가우스의 《수론》을 숙독했던 기억이 난다.

사람은 망각의 동물이다. 자신의 체험조차 쉽게 잊어버린다. 마찬가지로 어렵게 배운 학문의 기술적 경험도 계단을 한발 한발 올라갈 때마다 잊혀지기 마련이다. 문제는, 모든 계단을 올라 기술을 초월한 경지에 도달한 사람이 아래를 내려다보며 맨 아래에 있는 사람에게 "나한테로 뛰어 올라오시오"라고 말하는 것이다. 그 말은 현실적으로 불가능하다. 설령 그 사람이 뛰어 올라가려 해도, 미끄러져 다시 떨어질 것이 분명하기 때문이다.

지금에 와서야 나는 비로소 수학에도 철학적인 측면이 있다는 것을 깨닫게 되었다. 수학 또한 그 출발점에서는, 사람이 생각하는 학문이 모두 그렇듯이 그 배경에 항상 애매모호한 철학이 존재하기 때문이다. 철학이 없으면 좋은 수학도 탄생할 수 없다. 당시 오카 선생님이 말씀하신 내용을 이제야 어느 정도 이해할 수 있게 된 것 같다.

그러나 수학은 어디까지나 철학 그 자체는 아니다. 비록 수학이 철학적인 측면에서 어떤 공헌을 한다 하더라도, 그것을 수학의 업적이라고 할 수는 없다. 수학에는 명확하고 독창적인 기술적 측면이 존재한다. 이 기술은 수학만이 가진 고유한 것이다. 철학이 필수적이긴 하지만, 그 철학이 현실로 내려와 수학적 기술 속에서 구체적으로 구현되지 않는다면, 수학의 업적으로 인정될 수 없다. 나는 그런 의미에서 수학은 기술을 초월해서는 안 된다고 생각한다.

하여간 그 후 나는 오카 선생님에게서 문제를 푸는 데 있어 중요한 점들을 배웠다. 역시 선생님은 훌륭한 수학자였다.

1963년 브랜다이스대학교에서 근무하던 중 일본에 일시 귀국한 나는 일본 수학회의 초청을 받아 정례회에서 특별 강연을 하게 되었다. 그 자리에서 나는 '특이점 해소'를 주제로 강연했다. 이 문제는 해결이 막바지 단계에 있었지만, 여전히 큰 난관이 하나 남아 있었다. 그러나 이는 내가 그동안 가장 많은 노력을 기울여온 분야였기에 자신감을 가지고 연제로 선택했다.

오랜만에 귀국해 일본의 많은 쟁쟁한 수학자들 앞에 서니 약간 흥분된 상태였다. '특이점 해소' 이론을 어떻게 설명하면 좋을지 고민하며 강연 전 충분히 준비하고 정리했기에, 내심 자신감도 있었다.

오카 선생님은 제일 앞줄에 앉아 내 강연을 경청하고 계셨다. 그 모습을 보니 많이 연로하셨다는 인상이 들었다.

그때의 강연 내용은 이야기가 길어지므로 생략하겠다. 강연이 끝난 후, 청중에게 질문이 있으면 해달라고 요청하자 제일 먼저 오카 선생님이 일어나셨다. 오카 선생님은 단호한 목소리로 말씀하셨다.

"히로나카 씨, 그런 방법으로는 문제를 풀 수 없습니다. 보다 더 어려운 문제로 만들어야 합니다. 지금처럼 한다면 문제를 풀 수 없을 것입니다."

여기서 '그런 방법'이란 이런 내용을 뜻한다.

"제일 이상적인 문제는 이것이다. 이를 이런 방식으로 풀고 싶지만, 현재 상황에서는 과욕이다. 그래서 이런저런 조건을 추가해 이렇게 풀 수 있으면 좋겠다고 생각한다. 그러나 그것도 욕심이 될 수 있으니, 보다 구체적으로 설정하고 문제를 한 단계 물러서서 이렇게 풀면 어느 정도 도움이 될 것이다."

나는 강연에서 문제를 이상적인 형태로 설정한 뒤, 이를 점차 하락시키는 방식으로 풀어가는 과정을 설명했다.

그런데 오카 선생님은 이러한 방법으로는 문제를 풀

수 없다고 단언하셨다. 겉으로는 내색하지 않았지만, 속으로는 울컥했다. 물론 오카 선생님은 수많은 업적을 이룬 위대한 수학자이셨다. 하지만 적어도 '특이점 해소' 문제에 있어서는 나만큼 많은 시간과 노력을 기울인 사람은 없었을 것이다. 더구나 나는 이미 이 문제와 관련된 몇 가지 업적을 세운 상태였기에 나름의 자부심도 있었다. 그러나 워낙 훌륭한 선생님이었으므로 그 자리를 적당히 넘기려고 나는 말없이 머리를 숙였다.

그러자 오카 선생님은 이렇게 말씀하셨다.

"문제라는 것은 당신이 하는 방식과는 반대로, 구체적인 문제에서 시작해 점차 추상화하고, 마지막에 가장 이상적인 형태로 만드는 것이 중요합니다. 문제가 이상적인 형태에 이르면 자연스럽게 풀릴 것입니다."

똑같지는 않지만 대략 이러한 뜻의 말씀이었다.

나는 "충고의 말씀 감사합니다"라고 인사를 드렸지만, 마음속 화는 쉽게 가라앉지 않았다. 솔직히 말해, 당시에는 '쓸데없는 말씀만 하시네'라는 생각까지 들었다. 그러나 시간이 지나면서, 적어도 이 문제를 푸는 데 있어서만큼은 선생님의 지적이 정확한 충고였음을 깨닫게 되었다.

미국으로 돌아간 후, 나는 이 문제를 바라보는 사고방

식을 조금 바꿔보기로 했다. 문제를 이상적인 형태로 다시 설정해본 것이다. 그리고 몇 달간의 노력 끝에 마침내 완전한 해결에 도달할 수 있었다. 오카 선생님이 말씀하신 것처럼, 문제에 여러 조건을 붙이다 보면 본질을 놓칠 수 있지만, 반대로 이상적인 형태로 단순화하면 문제의 본질이 더 선명하게 드러난다는 것을 알게 되었다. 이 깨달음은 학문의 세계에만 국한된 것이 아니었다.

예를 들어 회사를 시작할 때 목표를 지나치게 구체화하며 "어떤 지역에서 얼마의 이윤을 내기 위해 회사 조직을 어떻게 설계해야 할까"와 같은 사고방식을 택하면 오히려 잘되지 않는 경우가 많다. 이는 회사가 단기적인 관점에서 운영되기 때문이다. 그러므로 오히려 일본뿐만 아니라 세계 시장에서도 이름난 일류 회사를 만들겠다는 이상적인 목표를 세우는 것이 회사의 본질을 더 명확히 파악하고, 성공 확률을 높이는 데 도움이 될 수 있다.

문제를 이상적인 형태로 할 것, 또는 순수한 형태로 만들어 풀기 시작할 것, 이것도 창조에는 중요하다.

왜 그것이 중요한가? 방금 언급했듯이, 해결 방법론의 관점에서 큰 도움이 되기 때문이다. 또한 단순하고 명쾌한 이론을 결과물로 창조하기 위해서는 그러한 작업이 반드시 필요하다.

수학의 세계뿐만 아니라 다른 학문에서도 가장 중요하고 기본이 되는 이론들은 모두 단순하고 명쾌하다. 앞서 나는 갈릴레이의 '물체 낙하의 법칙'을 예로 들어, '극한 분석'이란 단순하고 명쾌한 결론을 이끌어내는 과정이라고 지적한 바 있다.

갈릴레이는 "진공 상태에서는 물체가 모양, 성질, 크기, 무게와 상관없이 동일한 속도로 떨어진다"라는 결론을 도출하기 위해 다양한 실험을 시도했다. 갈릴레이는 수은 속에 여러 가지 물체를 떨어뜨려 보았다. 그 결과, 대부분의 물체는 떨어지지 않았다. 이번에는 물속에 물체를 떨어뜨려보았다. 물에서는 대부분의 물체가 쉽게 낙하했고, 특히 금속 물체는 모두 떨어졌다. 하지만 무거운 물체가 더 빨리 떨어지는 현상이 나타났다. 공기 속에서는 어떻게 될까? 높은 곳에서 다양한 물체를 떨어뜨려 실험한 결과, 공기 속에서도 무거운 물체가 더 빨리 떨어졌지만, 속도의 차이는 물속에서보다 훨씬 적었다. 갈릴레이는 여기에서 한발 더 나아가, 극단적인 상황을 설정해 보았다. 진공 상태에서 물체를 떨어뜨린다면 어떨까? 그는 '진공 상태에서는 어떤 물체라도 떨어지는 속도에 차이가 없을 것이다'라는 추론을 얻는다.

이것은 정말로 단순하면서도 명쾌한 원리이다. 이러한

사고방식은 뉴턴이 '만유인력의 법칙'을 생각해낸 과정과도 매우 유사하다.

내가 수학자로서 늘 스스로에게 되뇌이는 것도 바로 이런 것이다. '좋은 수학'이란 무엇인가? 아직도 확실히 알 수는 없지만, 그중 하나는 단순하면서도 명쾌한 이론을 가진 수학이라 생각한다. '아름답다'고 느껴지는 수학은 결국 단순하고 명쾌하게 창조되고 있다. 어려운 일이지만, 나는 수학에 대해 이러한 신념을 간직하고 있다.

이러한 생각이 형성된 것은 미국에서 수학자로 입지를 다져야 했던 경험과 깊은 관련이 있다. 미국의 수학계는 복잡난해한 것을 존중하는 경향이 있는 일본과는 반대로, 단순 명쾌함을 중시한다. 어느 쪽이 좋든지 간에 미국의 수학계에서 공부하는 이상, 나는 이론을 단순화하고 명쾌한 방식으로 접근하려는 노력을 멈춰서는 안 된다고 생각했다.

사람과 사람의 대화에서도 마찬가지다. 일본 사람의 대화는 좋게 말하면 표현이 풍부하고 다양한 반면, 나쁘게 말하면 단순하고 명쾌함이 결여된 경우가 많다. 회의 석상에서도 자신의 의견을 명확히 하지 않고, "나는 이렇게 생각하지만, 모 씨는 이렇게 반대하는데 그것도 일리가 있다"와 같은 표현을 일본 사람의 대화에서 종종 볼 수 있다. 이런 방식은 미국 사람들에게 통하지 않는다. 당장 "그렇다면 당신은 모 씨의 의견에 찬성하는가, 반대하는가?"라는 질문을 받을 수밖에 없다.

이 경우 미국 사람이라면 "나는 모 씨의 의견에 반대한다"라고 단호하게 말한다. 그리고 "왜 반대하느냐?"라는 질문을 받으면, 그 이유를 구체적으로 설명하면서 대화를 이어간다. 대화 방식에서 두 나라의 이러한 차이가 학풍에도 그대로 반영된다.

결론적으로, 나는 어느 쪽이 더 좋거나 나쁘다고 말하는 것이 아니다. 다만 단순하고 명쾌함을 중시하는 미국에서 수학을 배울 수 있었던 것이 다행이라고 생각할 뿐이다.

단순하고 명쾌하게 자신의 생각을 상대방에게 전달하기 위해서는 그에 따른 책임감을 가져야 한다. 수학에서도 마찬가지이다. 정말로 책임질 수 있는 이론을 만들기 위해서는 그에 상응하는 노력을 기울여야만 한다. 이론 자체도 산뜻하고 단순 명쾌해야 한다. 이러한 태도가 '특이점 해소' 문제를 해결하는 데도 크게 도움이 되었다.

지금까지 나는 나의 연구 태도나 생활 태도로서, 우선 사실을 그대로 파악하고, 가설을 세우며, 대상을 분석하는 것, 그래도 길이 막혔을 때는 대국을 볼 것, 이 네 가지를 항상 스스로에게 되새기고 있었다. 더 나아가 사고하거나 창조할 때는 단순하고 명쾌하게 접근하려는 노력을 중시해왔다.

이 모든 것들은 이 장에서 설명한 창조를 위한 구체적인 방법론으로서, 내가 항상 명심하고 있는 것들이다. 그리고 수학이라는 학문 세계에서 30여 년을 살아온 나에게 모두 실제로 도움이 된 것들이다.

상대방의 입장이 되어보자

 나는 한 연구에 2년간을 헛되게 보내며 큰 실패를 경험한 후, 한 가지 중요한 교훈을 얻었다. 앞에서 말했듯이 그것은 '소심素心(본래의 순수한 마음)'을 잊어서는 안 된다는 것이다.

 사람은 항상 자신의 입장에서 생각하게 마련이다. 가정생활에서 부모를 예로 들면, 부모는 자식에게 "이렇게 되면 좋겠다"는 식으로 자주 자신의 입장에서 생각하게 된다. 흔히 어머니가 아이를 꾸짖을 때 "너를 생각해서 하는 말이야"라고 하는 경우가 있지만, 정말로 아이를 생각해서 하는 말일까? 아마도 자기의 입장에서 허영이나 체면 때문에 말하는 경우가 적지 않을 것이다.

 그러나 부모와 자식 간의 관계라면 큰 문제가 되지 않

을 경우라도, 일반 사회에서의 인간관계에서는 자신의 희망, 원망, 주장이 원인이 되어 상대방과 갈등이 생기는 경우가 적지 않다.

나는 이런 상황에서야말로 상대방의 입장에서 생각하는 것, 즉 상대방과 일체가 되어 생각하는 겸허한 태도나 소심이 중요하다고 생각한다. 상대방과 일체가 되어 생각하면 자신도 미처 깨닫지 못했던 문제의 원인을, 자신이나 상대방 내부에서 발견할 때가 있기 때문이다. 원인을 발견하면 나머지는 대부분 자신의 노력으로 해결할 수 있다.

소심은 일상생활뿐만 아니라 학문을 탐구하는 과정에서도 가장 기본적인 조건이다. 수학 문제를 푸는 과정에서도 '문제'의 입장에서 생각해야 하며, 궁극적으로는 문제가 자기인지 자기가 문제인지 모를 정도로 서로 융합한 상태에 이르러서야 비로소 해결의 실마리가 되는 발상이 떠오르거나 법칙을 찾게 되는 것이다.

"천재란 연구 대상인 문제와 자기 자신이 구별되지 않을 정도로 일체가 되는 사람"이라는 한 물리학자의 말에 공감이 간다. 동시에 이 말은 배우고 창조하며 살아가는 데 있어서 학생, 학자, 모든 사람이 기본적으로 갖추어야 할 소심이 얼마나 어려운지 보여준다.

다시 창조로 돌아가자. 내가 연구 태도로서 항상 스스로에게 되뇌는 것들도 이 '소심'을 갖추어야 비로소 창조의 방식으로 살아난다.

우선, 사실을 사실로 인정하는 것이 중요하다. 이는 억측, 희망적 관측, 또는 선입관을 완전히 버리고, 오직 사실과 일체가 되는 것이다.

가설이나 목표를 세운다 해도 그것이 문제와 일체가 되지 않으면, 전진하는 정신적 에너지가 생성되지 않는다. 분석이나 그에 필요한 추상도, 또 대국을 본다는 것도 문제와 일체가 되지 있지 않으면 결국은 분산되어 헛된 노력이 되기 쉽다.

요컨대, 창조의 방법론은 모두 '소심'을 기반으로 하지 않으면 별 쓸모가 없어지고 만다.

도전하는 정신

3

역경을 반가워하자

"사는 것은 배우는 것이며, 배움에는 기쁨이 있다. 사는 것은 또한 무언가를 창조해나가는 것이며, 창조에는 배우는 단계에서 맛볼 수 없는 큰 기쁨이 있다"고 앞서 언급했다. 이는 누구의 삶에나 적용되는 말로, 학자의 입장에서는 특히 깊이 새겨야 한다.

말을 바꾸어 표현해보자. 학문의 세계에서 배우고 창조하는 기쁨은 곧 생각하는 기쁨이다. 어떤 분야의 학문이든 새로운 것을 발견하고 창조하는 데는 본래의 의의가 있다. '발견'과 '창조'야말로 가치 있는 것이다. 단순히 지식을 주고받는 것은 학문이라고 할 수 없으며, 평가할 가치도 없다. 다양한 지식은 사고를 위한 자료로 활용되며, 독서는 사고의 계기를 제공하는 역할을 한다.

이렇게 생각하면 지식을 모으는 것이 생각보다 즐거운 일이 되고, 독서 또한 고통스럽지 않게 된다. 귀로 듣고, 몸으로 느끼고, 눈으로 읽으며 생각하는 과정이 중요하다. 생각한 후에는 들은 것이나 읽은 것에 집착할 필요가 없다. 기억하려고 애쓰거나 잊지 않으려 하면 학문을 하기도 전에 지치게 되고, 배우는 것에도 싫증을 느끼게 된다. 학문은 본래 그다지 어렵지 않으며, 생각하는 것을 즐길 줄 아는 누구에게나 가능한 것이다. 그 과정에서 얻는 기쁨은 누구에게나 열려 있다.

반세기를 걸쳐 얻은 체험으로 내린 결론은 바로 이와 같다. 지금까지의 나의 인생관과 학문에 대해 설명해왔으며, 이제부터는 젊은 독자 여러분의 인생에 대해 이야기해보려고 한다.

창조를 만들어내는 힘은 도대체 어디서 오는 것일까? 창조의 배경에 있는 중요한 조건은 무엇일까? 이야기가 두서없이 진행되었지만, 이에 대해 지금부터 독자 여러분과 함께 생각해보려 한다.

이런 말이 있다. 프랑스의 유명한 수학자 앙리 푸앵카레Henri Poincaré는 "창조란 머시룸mushroom과 같은 것이다"라고 말했다. '머시룸'은 버섯의 일종이다. 일본인인 나는 버섯 하면 우선 송이버섯을 떠올리게 되므로, 푸앵카레의 말은 "송이버섯과 같은 것이 창조다"라고도 할 수 있다.

송이버섯은 잘 알다시피 땅속에 균근菌根이라고 하는 뿌리를 가지고 있다. 이 뿌리는 조건이 좋아지면 점차 퍼지면서 자란다. 그런데 이러한 조건이 장기간 유지되면 뿌리만 계속 발달하게 되어 버섯을 생성하지 못하고 결국 노화되어 죽어버린다. 놀랍게도 500년 동안 뿌리만 발달한 채로 고사한 송이버섯도 있다고 한다.

그렇다면 버섯은 어떻게 생기는 것일까? 뿌리의 성장을 방해하는 조건이 필요하다. 예를 들어 계절 변화에 따른 온도의 상승이나 하강, 송진이나 산성 물질과 같은 외부적 또는 물리적 조건이 이에 해당한다. 이러한 방해 요소가 생기면 뿌리는 포자胞子라는 형태로 종자를 만들어 발전을 지속하려 하고, 그 결과 송이버섯이 만들어지게 된다.

푸앵카레의 말을 나는 다음과 같이 해석한다. 창조에는 먼저 송이버섯처럼 땅속에서 뿌리를 뻗는 축적의 단계가 필요하다. 그러나 언제까지나 축적만 한다면, 송이버섯이 버섯을 생성하지 않고 고사해버리는 것처럼, 창조 없이 인생의 막을 내리게 된다.

불교의 '인연因緣'이라는 개념을 창조성에 비추어 생각

해보면, '인因'은 땅속에서 발달해온 송이버섯의 뿌리처럼, 사람이 부모에게서 물려받거나, 주변 사람들에게 배웠거나, 학교에서 습득한 지식이나 경험을 뜻한다. 그러나 '인'만으로는 창조나 비약을 이룰 수 없다. 그 과정에서 반드시 필요한 것이 '연緣'이다.

어떤 시점에서 송이버섯의 뿌리가 생기는 방해 조건에 해당하는 것이 창조에도 필요하다. 축적을 표출시킬 조건이 필요한 것이다. 그것이 '연'이다. 불교에서는 '연'에도 두 가지 종류가 있다고 말한다. '순연順緣'과 '역연逆緣'이다. 실생활에서는 때로 역연이 표출 에너지가 되는 경우가 있다. '역연'이라는 말은 일반적인 말로 바꾸면 '역경'이 될 것이다.

호황도 좋고 불황도 좋다

 이 세상에는 주어진 조건이 모두 자신에게 불리하다고 생각하는 사람들이 있다. 예를 들어, 부모에게서 뛰어난 두뇌를 물려받았음에도 그로 인해 인생을 망쳤다고 후회하는 사람, 반대로 머리가 나쁘게 태어났기 때문에 운이 없다고 불평하는 사람, 혹은 부유한 집안에서 태어났음에도 공부를 잘하지 못한 경우, "내가 니노미야 긴지로二宮金次郎(일본 에도 시대에 가난 속에서도 열심히 공부해 성공한 신화적인 인물)처럼 가난한 집안에서 태어났다면 틀림없이 공부를 잘했을 텐데"라고 생각하는 사람 등이다.

 반면, 주어진 조건을 모두 자신에게 유리하다고 여기는 사람도 있다. 대표적인 예로 마쓰시타 고노스케松下幸之助를 들 수 있다. 그는 언젠가 "호황도 좋고 불황도 좋다"라는 말을 했다. 이 말을 인생에 적용하면 "행운도 좋고 역경도 좋다"라는 뜻이 된다.

실제로 행운을 활용하고 역경을 극복해 성공한 사람들이 있다. 예를 들어, 큰 병에 걸려 몇 년 동안 입원했음에도 입원 중 책을 읽고 사색하며 글을 써서 작가로 성공한 사례는 그 전형적인 예다. 성공한 사람들은 대부분 역경을 자신의 인생에 플러스 요인으로 전환하는 능력을 갖추고 있는 듯하다.

창조에도 이러한 역경이 깊이 연관되어 있다고 볼 수 있다. 나는 그 좋은 예를 파리에서 만난 한 학자를 통해 확인할 수 있었다.

1958년 내가 하버드대학교에서 유학한 지 2년째 되던 해, 프랑스에서 초청된 한 수학자가 하버드대학교에서 강의를 하게 되었다. 초청된 사람은 알렉산더 그로텐디크Alexander Grothendieck라는 수학자로, 당시 내가 전공하던 대수기하학 분야에서 꽤나 알려진 인물이었다. 그는 대수기하학에 전념하던 존 테이트John Tate 교수의 초청으로 1년간 강의를 맡게 되었다.

그는 대학교수가 아니라 고등과학연구소IHES라는 사립 연구소의 연구원이었다. 이 연구소는 전 파리대학교 수학 교수였던 장 디외도네Jean Dieudonné와 수학을 사랑한 사업가 레옹 모찬이 자금을 모아 파리에 설립한 곳이다. 하버드대학교에 초청될 만큼 뛰어난 실력을 갖추고도 그가 대학교수가 되지 못한 이유는 그의 성장 배경에 있었다.

그는 자리스키 선생님처럼 유대계 출신으로, 1928년 혁명가였던 아버지와 저널리스트였던 어머니 사이에서 태어났다. 전쟁 중 그는 독일 수용소에 갇혀 있었다가 16세 때 어머니와 함께 프랑스로 이주했다. 이러한 시대적 배경과 가정환경 탓에 정규 초등교육을 제대로 받을 수 없었지만, 몽펠리에대학교에 입학한 뒤 수학적 재능을 발휘하여 훗날 필즈상까지 수상했다.

그로텐디크가 나치 독일군의 통제하에서 어떻게 탈출해 프랑스로 건너갔는지, 몽펠리에대학교에서 어떤 교수에게 사사받고 수학적 재능을 발휘했는지, 그리고 고등과학연구소의 연구원이 될 때까지의 경로에 대해선 거의 알려진 바가 없지만, 그가 유대계 태생이며 당시 국적이 없었던 것만은 확실하다.

하버드대학교도 그렇지만, 일반적으로 미국 대학은 국적의 유무나 출신 국적에 대해 전혀 상관하지 않고, 우수한 인재를 교수로 받아들인다. 그러나 프랑스는 일본과 마찬가지로 관료적인 제도로 인해 무국적자를 대학교수로 인정하지 않는다. 우수한 두뇌와 연구 경력을 가진 그로텐디크가 교수직을 얻지 못했던 이유도 바로 이러한 제도 때문이다.

나는 그로텐디크의 강의를 1년 동안 들었다. 그 무렵 그는 해석학에서 대수기하학으로 전환한 후, 대수기하학의 기초를 스킴 이론을 통해 전면적으로 재구성하는 작업을 시작하고 있었다. 강의를 듣고 학문적으로 교류하는 동안, 그는 나에게 자신이 있는 연구소로 오기를 권유했다. 또한, 당시 내 연구를 높이 평가하며 고등과학연구소에서 6개월 동안 초청하겠다는 약속을 해주었다.

제2차 세계대전 이전에는 수학의 중심지가 독일이었으나, 전쟁 이후 프랑스로 옮겨갔다. 1950년대의 프랑스 수학은 유럽에서 지도적인 위치였으며, 세계적인 수학자들이 줄을 이어 활발한 연구 활동을 펼쳤다.

이미 말했듯이, 수학은 대단히 국제적인 학문이다. 어느 정도 국제성을 갖추지 못한 사람은 진정한 수학자라고 할 수 없을 정도이다. 따라서 그로텐디크의 권유에 응한 것은 당연한 일이었다.

나는 1959년 말, 대망의 꿈을 안고 프랑스로 건너갔다. 고등과학연구소는 지금은 비교적 대규모로 파리 근교인 피에르에 위치하고 있지만, 당시에는 에투알 근처에 있는 박물관 한 층을 빌린 사무실과 강의실뿐인 조그만 연구소였다. 연구원은 창립자인 디외도네와 모찬, 그리고 디외도네에 의해 스카우트된 그로텐디크와 비서, 네 명뿐이었다.

외부에서 온 첫 번째 연구원이 된 나는, 그때부터 반년 동안 근무하면서 그로텐디크에게 수학을 배우기 시작했다. 짧은 기간이었지만, 나는 귀중한 지식을 많이 얻었다.

그로텐디크는 마치 강이 없는 곳에서 홍수를 일으키듯, 진공 청소기에 큰 기관차를 달아 수학 세계를 날아다니는 듯한 인물이었다. 일반적으로 수학자라면 자기에게 적합한 문제를 충분한 시간과 노력을 들여 선택하는 경우가 많지만, 그는 닥치는 대로 모두 연구하는 것이 아닐까 생각될 정도로 괴짜였다. 그는 하루에 100~200장에 달하는 논문을 쓸 정도로 체력도 좋았다. 또한 그러면서도 새로운 아이디어가 저절로 떠오른다는 파격적인 학자로 유명했다.

그는 1966년 모스크바에서 열린 국제수학학회에서 필즈상을 수상하며 대수기하학에 큰 전환점을 마련했다. 약간 전문적인 얘기가 되지만, 그의 주요 업적은 프랑스 태생 수학자 앙드레 베유André Weil의 예측에 수학적 엄밀성을 더하기 위해 대수기하학의 기초에 코호몰로지

Cohomology 대수학을 철저히 적용하여 '그로텐디크 호몰로지Grothendieck Homology'라는 새로운 개념을 제시한 것이다.

이 그로텐디크에게 나는 수학자로서의 다양성을 배우는 등 큰 영향을 받았다. 동시에 그로텐디크가 수학이라는 학문을 대하는 자세에서 소중한 것을 배웠다.

그로텐디크가 수학에 거는 집념이나 열정은 대단한 것이었다. 그 집념이나 열정은 어디서 나오는 것일까? 나는 그의 연구 자세를 보면서 아마도 그것은 그가 상상을 초월할 정도의 역경을 겪었기 때문이라고 생각했다.

내가 그로텐디크에게서 특별히 고생했던 이야기를 들은 것은 아니다. 그런 말을 할 사람도 아니었고, 설령 내가 들었다고 하더라도 수용소에서 단신으로 프랑스로 도망쳐 국적도 없이 외골수로 수학 인생을 살아온, 그의 가혹한 고투의 역사를 직접 느낄 수도 없었을 것이다.

나는 또 이렇게 생각해본다. 다른 사람이 보면 피땀 흘린 고생이지만 그로텐디크 자신은 단 한 번도 고생이라고 느낀 적이 없었던 것이 아닐까?

내가 대학 시절에 돈이 없어서 책을 살 수 없어, 방학이 되면 교수의 책을 빌려 고향에 돌아가서 대학 노트에 옮겨 적던 일, 또는 대학 모자를 살 돈으로 책을 산 일이나, 친구들과 바다로 놀러 갔을 때 다른 사람들은 수영 팬티를 입고 있었지만 나만 훈도시(옛날에 일본 남자가 팬티 대신 쓰던 형겊) 차림이었던 일이나, 대학 학부와 대학원 7년 동안 1.5평짜리 조그만 방 한 칸에서 하숙하고 사과 상자를 책상으로 써서 그 밑에 책을 놓고 사용하던 일, 요와 이불이 겉감이 없는 얇은 솜뿐이었던 일 등을 다른 사람에게 이야기하면 대부분의 사람은 "고생하셨네요" 하며 내 얼굴을 쳐다본다.

그런데 정작 당사자인 나는 고생했다는 말을 듣기 위해 다른 사람에게 이런 이야기를 한 것도 아니고, 고생했다고 생각하지도 않는다. 물론 동생에게 가끔 송금해야 할 때도 있어 실제 가난한 학창 생활을 보냈던 것은 사실이지만 당시에는 별로 고생스럽게 느끼지 않았다.

사람은 무엇인가에 열중하고 있을 때는 설사 고생을 하고 있다 하더라도 고생이라고 생각하지 않는다. 나의 경우를 그로텐디크가 지나온 가시밭길과 비교하는 것도 송구스럽지만 나의 체험으로 미루어보면, 그도 역시 고생을 실감한 적이 없었는지도 모른다.

어쨌든 잇따른 역경이 그의 수학에 대한 끊임없는 정념情念을 만들고 그것이 정열적인 창조활동을 뒷받침해 온 것이 아닌가 하는 생각이 든다. 예술가로서 창조활동을 계속하기 위해서는 배고프지 않으면 안 된다고 말한 사람이 있다. 그로텐디크와 같은 수학자를 보면 이 말이 학문 세계에도 적용된다는 생각이 든다. 학자도 또한 무엇인가에 굶주리지 않으면 계속 창조해나갈 수 없는 것이 아닐까?

감정이나 정념하고는 전혀 무관한 학문이라고 생각하기 쉬운 수학이지만 수학에서의 창조활동도 역시 정념과 무관하다고 말할 수 없다. 사람의 정념하고는 관계가 먼 것같이 보이는 자연과학에서도 새로운 이론이나 법칙, 정리를 창조하는 데 있어서는 틀림없이 이 정념의 힘이 많이 작용하고 있을 것이다.

하고 싶은 것을 하자

창조에는 정념의 힘이 필요하다. 예술의 창조는 물론이고, 모든 학문과 일상생활에서도 마찬가지다. 그러면 이 정념은 구체적으로 어떤 것인가?

토머스 에디슨Thomas Edison은 "필요는 발명의 어머니다"라고 말했다. 뭔가 필요해서 발명이라는 창조를 하게 된다는 뜻이지만, 문제는 이 '필요'라는 말의 해석이다. 필요는 영어로는 니즈needs와 원트want 두 가지로 표현할 수 있다. 똑같이 필요라고 번역되지만, 이 두 말의 실제 의미는 상당히 다르다. '니즈'는 공간적으로 외부 상황을 판단해서 나온 필요성이며 시간적으로 보면 과거에서 현재에 이르기까지 인간이 경험한 것과 얻은 것을 기준으로 해서 나온 필요성이라는 뜻으로 쓰인다. 이에 반해 '원트'는 자기 내부에서 나온 필요성이며 시간적으로는 현재와 미래에 대한 필요성을 이야기한다. 즉 욕망이나 결핍을 내포한 필요가 원트이다.

흔히 기업 팸플릿 등에서 "소비자의 필요needs를 잘 파악하여"와 같은 말을 쓰는데 이것은 좋은 표현이 아니다. 필요는 과거의 지식으로부터 도출된 것이기 때문에 그것을 쓰려면 "소비자의 욕망want을 간파해서"라고 쓰는 것이 맞는 표현이다. 어쨌든 필요는 이성에 의한 판단에서 생긴 필요, 욕망은 현재 자기 속에 있는 무언가를 견딜 수 없는, 경우에 따라서는 참을 수 없어서 폭발할 정도의 정념으로부터 생기는 필요라고 해석해도 좋을 것이다.

창조에는 물론 필요도 있어야 되지만 어느 시점에서는 욕망이 생기지 않으면 안 된다. 즉 창조활동을 뒷받침하는 배경에는 "이러한 것을 만들 수 있었으면" 하는 욕망이나 부족한 것을 한결같이 구하는 갈망이 없으면 안 된다.

젊은 독자 여러분에게는 특히 이런 점을 강조하고 싶다. 장래를 결정하려고 할 때 도움이 되는 여러 가지 정보가 있다. 예컨대 '성적이 이 정도니까 저 대학의 이러한 학과에 가자'라든지, '이러한 직종이 유망하니까, 이 기업에 취직하자'라는 식으로 여러 가지 정보로부터 필요를 도출해서 진로를 결정하는 사람이 대단히 많다.

3. 도전하는 정신

그러나 그러한 방법으로 장래를 결정한 사람은 결정한 것이 욕망으로 바뀌지 않는 한 어디에서인가 좌절할 가능성이 있다. 그러므로 '나는 이 학문을 하고 싶다', '나는 이 일에 종사하고 싶다'라는 욕망이 있어야 한다. 그로텐디크나 자리스키 선생님처럼 상상을 초월하는 역경 속에서 살아온 배고픈 수학자가 뛰어난 업적을 올린 것은, 욕망이라는 정념이 항상 그들을 움직였기 때문이다.

창조의 과정에는 또 '비약'이 필요하다. 창조하려고 하는 것이, 과거에는 없었던 새로운 것일수록 더한층 비약하는 일이 중요해진다. 그리고 비약하기 위해서는 속에 있는 욕망의 힘을 활용하지 않으면 안 된다. 비약의 원동력은 필요가 아니고 욕망이기 때문이다.

이 책의 첫 부분에서 소개한 '특이점 해소'라고 하는 현대 대수기하학의 대명제를 해결한 과정을 돌이켜볼 때 더더욱 그렇게 느낀다. 내가 이 문제에 흥미를 느낀 것도 과거로부터 현재까지의 수학사를 개관할 때 그 해결이 반드시 필요하다고 판단했기 때문만은 아니다. 즉 필요를 인정했기 때문에 도전한 것은 아니다. 다만 '특이점을 해소할 수 있는 정리를 발견할 수 있다면 신이 날 텐데'라고 꿈을 꾸었을 뿐이다. 말하자면 미래의 수학에 대한 욕망에서 이 문제에 매혹당했을 뿐이다. 그리고 내 안에 있는 이 욕망이야말로 약 8년에 걸쳐서 끊임없이 그 꿈을 뒷받침하고 결국에는 창조로 비약시켜준 원동력이 되었다.

'특이점 해소'를 향하여

 여기서는 '특이점 해소'에 이르기까지 내가 따라간 길을 이야기해보려고 한다. 독자들은 이미 롤러코스터의 궤도와 그 그림자에 관한 예에서 이 문제의 개요를 파악했으리라 생각하지만, 다른 예로 그것을 설명하자면 다음과 같다.

 일본의 비와호琵琶湖(교토 가까이에 있는 일본에서 제일 큰 호수)를 일주하는 도쿄·오사카 간의 고속도로를 만든다고 하자. 그런 고속도로는 어디에서인가 교차점이 생기기 때문에 평면에서는 만들 수 없다. 이 교차점이 바로 특이점인데 이것을 해소하려면 어떻게 해야 할까? 일주해서 교차되는 도로를 입체 교차시켜주면 된다. 즉 높이라는 척도를 하나 늘리면 되는 것이다. 수학에서는 파라미터

(매개변수, 2개 이상의 변수 사이의 함수관계를 간접적으로 표현할 때 사용하는 변수)를 추가한다고 한다. 아래층의 욕실과 이층의 욕실이 평면 설계도에서는 복잡하게 겹쳐져서 뚜렷하지 않지만 높이라는 파라미터를 추가하면 잘 보이게 되는 것과 같은 원리이다.

그런데 높이를 추가함으로써 교차점이 없어진 아래, 위 두 도로의 지상에 떨어진 그림자를 보면 여전히 거기에는 교차하는 점, '특이점'이 존재한다. 즉 본체에는 특이점이 없어도 그림자에는 특이점이 해소되지 않고 남아있는 상황이 된다. 이럴 때 어떻게 하면 좋을까? 파라미터를 더 늘리거나 혹은 줄이는 작업을 되풀이해서 그림자에 생기는 특이점을 해소해야 한다.

이 경우에는 평면에 생기는 특이점에 한정되어 있지만, 문제는 특이점이 모든 차원에서 발생한다는 것이다. 모든 차원에서 생기는 특이점을 해소하여 특이점이 없는 모양으로까지 변환할 수 있는 이론을 증명하는 것이 이 연구의 목표이다.

모든 현상은 도형으로 표현할 수 있다. 경제 현상도 마찬가지이다. 오늘날 이렇게 경제 상태가 발전하니까 거기에 따라 표출되는 경제 현상도 여러 가지이며, 분석할 파라미터도 많아지고 그것을 해명하기 위해서 만들어지는 그림도 극히 고차원적이 된다.

그것을 하나의 그림으로 나타내면 복잡한 모양 속에서 교차하거나 뾰족한 모양의 특이점이 많이 나타난다. 그러한 고차원적인 그림에 생기는 특이점을 방치한 채 현상을 파악하려고 하면, 계산도 어렵고 보통 쓰는 법칙도 적용하기 힘들다.

이러한 경우 '특이점 해소' 정리를 통해 특이점이 없는 그림으로 변환하면 기술적으로 계산이 용이해지고, 이론적으로 방정식을 구성하는 것도 수월해진다. 복잡다양한 경제 현상을 부분적으로 단순하고 명쾌한 그래프로 나타낼 수 있어 문제의 내용을 더 명확히 파악할 수 있다.

나는 이 문제를 알게 된 후부터 그것을 해결할 때까지 그것이 어떻게 이용되고 응용되는가 하는 따위에는 거의 신경을 쓰지 않았다. 아니, 거기까지 생각이 미치지 못했다고 하는 쪽이 정확할 것이다.

내가 처음으로 이 문제를 알게 된 것은 전에 말했듯이 대학 3학년 때 일이었다. 아키즈키 교수가 지도하는 세미나는 대수기하의 장래성을 중시하여 이 분야에 관계되는 모든 것을 총망라하려고 의욕적인 연구를 하고 있었다.

아키즈키 선생님은 교토대학교 출신 교수들이 자기의 제자를 조교수로 임명하여 계속 그 강좌(대학의 연구실과 비슷한 개념으로, 각 강좌가 정교수 한 사람, 조교수 한 사람, 조교 두 사람으로 구성되는 일본 대학 제도)를 이어가는 교토대학교 학풍에서 과감히 탈피하여, 우수한 인물을 발견하면 다른 대학 사람일지라도 적극적으로 데려와서 제자로 삼았다.

이 연구실의 초기 활동이 중심이 된 사람으로서 이구사 준이치井草準一(도쿄대학교 출신, 존스홉킨스대학교 교수), 마쓰자카 데루히사松阪輝久(브랜다이스대학교 교수), 이토 키요시伊藤清(도쿄대학교 출신, 가쿠슈인대학교 교수), 나가타 요시노리永田雅宣(나고야대학교 출신, 교토대학교 교수), 도다 히로시戶田宏(오사카대학교 출신, 교토대학교 교수), 마쓰무라 히데유키松村英之(가고시마대학교 출신, 나고야대학교 교수), 니시 미에오西三重雄(교토대학교 출신, 히로시마대학교 교수), 나카이 요시카즈中井喜和(도쿄교육대학교 출신, 오사카대학교 교수) 등이 있었다.

이들 8명 이외에 아키즈키 선생님이 직접 가르친 나카노 시게오中野茂男(교토대학교 출신, 교토대학교 교수)와 나를 포함한 세미나는 당시 교토대학교에서는 가장 연구활동이 활발했다. 교토대학교에서 가장 혁명적이었던 이 세미나에 나는 아키즈키 선생님의 손자 제자뻘의 자격으로 들어갔는데, 아직 기초가 없었던 3학년 때인지라 난해한 단어가 계속 나오는 그 세미나의 내용을 거의 알아들을 수 없었다. 그러나 매주 한 사람씩 결과를 발표하여 하루

종일 벌어지는 토론을 열심히 듣는 동안에, 어떻게 해서 수학이 창조되는가를 눈앞에서 볼 수 있었던 것이 나에게는 큰 도움이 되었다. 앞에서 말한 수학이라는 학문의 특징 중 첫 번째의 '기술'을 닦는 단계가 이 시기였던 것이다. 물론 기술을 닦는 단계가 그때만으로 끝난 것은 아니다.

4학년이 되어서 조금씩 대수기하의 윤곽이 보이기 시작할 무렵에 세미나에서 소개된 것이 '특이점 해소'라는 문제였다. 이 세미나에서 니시 미에오가 해설한 것이 바로, 나중에 내가 사사하게 된 자리스키 선생님의 3차원 특이점 해소에 관한 논문이었다. 당시 이탈리아에서는 1차원의 특이점 해소에 관한 여러 가지 이론이 나와 있었는데 자리스키 선생님은 그 특유의 방법으로 이 문제를 풀었다. 더 나아가 2차원 특이점 해소에 관한 세 편의 논문을 썼으며 3차원의 특이점도 어느 정도 해소한 상황이었다.

그러나 자리스키 선생님의 3차원 특이점 해소 방법은 억지로 해낸 듯한 부자연스러운 방식이었으며 그 이론은 난해하기 짝이 없었다. 따라서 모두 4차원 내지 그 이상에 대해서는 손을 댈 수 없을 것이라고 생각하고 있었다.

내가 왜 이 문제에 매혹되었는가에 대해서는 앞에서 언급하였으므로 여기서는 생략한다. 요약하면 수학에 관한 이 문제를 극락 세계와 현세와의 관계로 결부시켜서 보고 있었으므로 그야말로 우습기 짝이 없었다. 그러나 그것이 이 문제에 마음이 끌린 이유였으니 어찌하랴?

나는 다만 그러한 관점에서 이 문제를 보고 있었을 뿐 설마 내가 풀 수 있으리라고는 생각조차 하지 않았다. 자리스키 선생님의 3차원 '특이점 해소' 이론조차 잘 이해할 수 없었으므로 그것은 당연한 것이었다. 다만 '그러한 문제도 있구나'라는 생각이 들었고 그것이 풀린다면 어떤 식으로 응용될까에 약간 흥미도 있어서 문헌을 읽거나 생각을 하곤 했었다.

첫 논문에서는 혹평을 받았지만 두 번째 논문을 자리스키 선생님 앞에서 발표한 것이 계기가 되어 하버드대학교에 유학하게 된 나는, 그 후 자리스키 선생님 밑에서 '유리변환有理變換'이라든가 특이점에 관한 공부로 시간을 보냈다.

하버드대학교에 유학하여 유리변환을 배우기 시작한 지 2년째 되던 해, 나는 동료인 아틴과 함께 자리스키 선생님의 특이점 해소 이론을 연구하는 세미나를 들었다. 결국 나로서는 두 번이나 같은 이론을 배운 셈이다.

거의 비슷한 시기에 나는 당시 코넬대학교의 조교수로 있던 쉬리람 아비얀카Shreeram Abhyankar를 방문한 적이 있었다. 아비얀카는 인도 출신으로 역시 자리스키 선생님을 사사한 학자였다. 내가 아비얀카를 찾아간 것은 그가 특이점 해소에 많은 관심을 갖고 있다는 소문을 들었기 때문이다.

나도 그 무렵에는 본격적으로 이 문제를 연구하고 있었다. 여전히 내가 풀 수 있을 것이라고는 생각하지 않았지만 풀지는 못하더라도 무언가 공헌할 게 있지 않을까 하고 모색하고 있었다. 즉 어느새 특이점 해소가 한 걸음씩 현실감을 띤 꿈으로 변하고 있었던 것이다. 아비얀카와 의견을 교환하려고 생각한 것도 그가 무언가 아이디어를 시사해주지 않을까 하는 기대에서였다.

나는 아비얀카에게 당시 내가 특이점 해소에 관해서 생각하고 있었던 것을 기탄 없이 말했다. 특이점이 있으면 그 특이점의 특성이라는 것이 있을 것이다. 그러면 그 특성을 차례차례로 수치상에서 추상화해가면 결국 풀 수 있지 않을까? 자세한 내용은 길어지니까 생략하지만 대략 그와 같은 것을 그에게 말하였다.

그러나 아비얀카가 생각하고 있었던 것은 나하고는 정반대였다. 게다가 누구보다도 자신만만했던 그는 "히로나카 씨, 당신 같은 방식으로는 절대로 풀 수 없습니다"라고 단언했다. 결국 합의점을 얻을 수는 없었지만 이 또한 나에게는 좋은 자극제가 되었다.

문제와 함께 잠자라

나는 그 후 수개월에 걸쳐 노력했지만, 해결의 실마리를 잡을 수가 없었다. 그 무렵 하버드대학교의 라울 보트 Raoul Bott 교수가 했다는 말 한마디가 인상 깊게 들려 왔다. "문제와 함께 잠자라Sleep with problem." 어려운 문제를 풀려고 할 때 그 문제와 함께 생활하는 자세를 가지라는 뜻이다.

나는 그동안 말 그대로 특이점 해소라는 문제와 함께 잠을 잤는데 결과적으로는 그 문제의 어려움만 깨달았을 뿐이었다. 그야말로 하면 할수록 끝이 없는 미지의 세계에 빠져드는 기분이었다.

나는 잠시 문제에서 눈을 돌리고 돌아설 수밖에 없었다. 하지만 꿈을 버린 것은 아니었다. 아니, 반대로 이 문제의 어려움을 스스로 알게 됨으로써 오히려 새로운 의욕이 생기게 되었다. 꿈을 실현하고 싶다는 욕망도 점점 커졌다.

다시 이 문제를 해결하려 시도한 것은 파리에서 돌아와 하버드대학교에서 박사학위를 받은 후였다. 그 무렵, 나는 브랜다이스대학교의 강사로 있었다. 당시에도 본격적으로 특이점 해소 문제를 공격했으나 다시 포기할 수밖에 없었다.

그러나 브랜다이스대학교에 근무한 지 2년째에 조교수가 된 그 무렵부터 조금씩 독자적인 아이디어가 생기기 시작했다. 이 아이디어를 한마디로 설명하기 어렵지만, 하여간 문제와 같이 생활한 결과 해결의 실마리를 발견한 것이다. 그러나 그때 약간 실망스러운 일이 생겼다.

프랑스 수학계를 대표하는 클로드 슈발레Claude Chevalley라는 인물이 있었다. 슈발레는 1909년 남아프리카공화국의 요하네스버그에서 태어나 프랑스의 고등사범학교École Normale Supérieure를 졸업하고 프린스턴대학교와 컬럼비아대학교에서 교편을 잡았다. 그는 논문집《대수함수론代數關數論》과《슈발레군Chevalley 群》등으로 잘 알려진 세계적인 수학자이다.

그가 특이점 해소 문제에 대해 부정적인 견해를 가지

고 있다는 것을 알게 되었다. 당시 나는 자리스키 선생님과는 다른 방법으로 1차원 특이점을 해소한 후, 그 방법을 바탕으로 이론을 발전시키면 2차원, 3차원의 특이점 해소도 가능할 것이라고 생각했다. 그러나 슈발레는 "특이점 해소 문제가 그렇게 쉽게 해결될 리가 없다. 언젠가 누군가에 의해 해결되더라도, 그때는 이미 대수기하학의 일반론이 발전하여 특이점 해소의 가치가 크게 줄어들 것이다"라고 말했다고 한다. 내가 직접 그 이야기를 듣지는 않았지만 상당히 부정적이었다. 결국 슈발레는, 특이점 해소의 문제를 해결해도 별 쓸모가 없을 것이고 그것의 필요성도 적을 거라고 말한 것이다.

쉽게 해결될 수 있는 문제가 아님을 두 번이나 정면 대결하여 항복한 내가 누구보다도 잘 알고 있었다. 그만큼 더더욱 도전할 가치가 있는 문제라고 믿으며 열정을 불태우던 나는 "쓸모없다"는 말에 크게 실망할 수밖에 없었다.

그 후 나는 존경하던 수학자 그로텐디크에게서도 사기가 꺾이는 말을 들었다. 케임브리지에서 파리로 돌아가는 그로텐디크를 공항까지 배웅할 때 공항으로 가는 차 안에서 나는 그에게 특이점 해소에 대해 이야기를 했다. 평소와 달리 당시 나는 약간 흥분 상태였던 것 같다. 그도 그럴 것이 그때 나는 독자적인 방법으로 2차원과 3차원의 특이점 해소에 성공하여 나머지 조금만 해결하면 4차원의 해소도 거의 확실해지는 단계까지 와 있었기 때문이다. 나는 그로텐디크의 격려를 기대했다. 그러면 그 가치를 틀림없이 인정해줄 것이고 무언가 중요한 시사를 해줄 것이라고 생각했기 때문이다. 나는 너무나 열중해서 한시도 입을 쉬지 않고 이야기했다.

그러나 나의 기대는 완전히 무너졌다. 그로텐디크는 별다른 반응을 보이지 않았다. 오히려 내 열변을 대부분 한쪽 귀로 듣고, 다른 쪽 귀로 흘려보내는 듯했다. 대꾸조차 하지 않은 것도 그 때문이었다. 무엇보다도 그의 마지막 말은 내가 한 이야기에는 거의 귀를 기울이지 않았음을 증명하는 듯했다. 그는 "4차원의 특이점 해소가 거짓임을 증명하기 위해서는 이러이러하게 하면 된다"고 말했다.

나는 마치 망치로 머리를 맞은 듯한 충격을 느꼈다. 내가 직접 사사한, 그것도 대단히 존경하는 사람에게서 그런 말을 듣다니. 입이 벌어진 채로 다물어지지 않는다는 표현은 바로 그런 순간을 두고 하는 말일 것이다. 구태여 거짓말을 증명하기 위해서 특이점 해소에 열을 올리고 있었던 것이 아니었으므로 내가 낙심한 것은 말할 것도 없었다.

그러나 이렇게 기를 죽이는 일이 겹치는 반면, 나를 격려해주는 사람들도 있었다. 그중 한 명이 자리스키 선생님이었다. 브랜다이스대학교에서 교편을 잡으면서 하버드대학교의 세미나에 참석하고 있었던 나는 어느 날 교내에서 자리스키 선생님과 만났다. 그가 여전히 바쁜 몸이라는 것을 알고 있었기에, 인사말만 건네고 지나가려 했다.

그러자 그는 나를 세우고 "지금 뭘 하고 있나?"라고 물었다. "특이점 해소의 문제를 재고하고 있습니다"라고 대답했더니, 그는 잠깐 생각하고 나서 "물기 위해서는 이를 단단히 하라You need strong teeth to bite in"고 말하고 내 어깨를 토닥여주셨다.

이빨을 단단하게 하라는 말은 자리스키 선생님 특유의 유머이다. 즉 이를 악물고 풀지 않으면 풀 수 없는 문제니까 이를 아주 단단히 해놓으라고 충고한 것이다. 자리스키 선생님은 자기 자신이 연구해온 문제인 만큼 틀림없이 특이점 해소의 중요성을 숙지하고 계셨을 것이다. 어쨌든 고마운 격려의 말씀이었다.

나는 또한 프랑스 수학자 르네 톰René Thom의 말을 마음에 새겨 분발했다.

"대수기하를 하는 친구들은 모두 겁쟁이야. 생각해봐. 힘든 문제를 보면 '이 문제는 풀어봐야 소용이 없다'고 말하는 것이 대수기하학자들의 상투적인 수법이니까."

폭언이 아니라 톰의 지적에는 어느 정도 일리가 있다. 나는 그의 말을 따라 겁쟁이가 되지 않겠다고 마음속으로 다짐했다.

브랜다이스대학교에서 근무한 지 2년째, 새롭게 결심하고 특이점 해소에 도전한 지 얼마 지나지 않아 나는 드디어 마지막 단계까지 풀어내 문제 해결의 실마리를 잡았다.

앞에서 얘기한 바와 같이 특이점 해소는 1차원, 2차원, 3차원의 단계까지는 자리스키 선생님에 의하여 해결되어 있었다. 내가 하려고 한 것은 일반 차원까지 해결할 수 있는 이론을 세우는 것이었다. 나는 나의 신조인 끈기로 몇 번이나 도전하여, 드디어 자리스키 선생님과는 전혀 다른 방법으로 일반 차원까지 해결한 것이다.

나는 자리스키 선생님의 전화번호를 힘겹게 돌렸다. 누군가에게 알리지 않으면 흥분한 마음을 가라앉힐 수 없었기 때문이다.

"모든 차원에서 풀 수 있을 것 같습니다."

전화를 받은 자리스키 선생님에게 나는 이렇게 말했

다. 자리스키 선생님의 목소리는 평소와 마찬가지로 냉정했다. 평소 말이 적은 그는 그때도 "신중을 기하라"라는 짧은 충고를 하고는 조용히 전화를 끊었다. 정말 그때 신중을 기하지 않았다면 나는 돌이킬 수 없는 상태에 빠질 가능성이 있었다. 과거에 특이점 해소 문제를 "풀었다!"라고 선언한 수학자가 몇 명 있었는데, 그중에는 그것을 논문에 발표하여 자리스키 선생님에게 심한 꾸지람을 받은 사람도 있었다.

100퍼센트 풀었다고 생각하더라도 미세한 부분까지 체크하는 것을 게을리함으로써 결국은 아무것도 풀리지 않은 경우가 수학의 세계에는 흔하다. 특이점 해소에 관한 연구는 아니었지만, 어느 젊은 수학자가 큰 문제를 풀었다고 생각하여 논문을 발표한 후, 큰 잘못이 지적되어 재기불능에 빠진 일도 있었다. 자리스키 선생님은 그렇게 불우한 수학자들의 전철을 밟지 않도록 충고해주신 것이다.

얼마 후 나는 이 문제에 초점을 맞춘 세미나를 하버드 대학교에서 열었다. 세미나에 참가한 여러 사람에게서 의문점을 지적받고, 그것에 대답하는 식으로 나의 이론을 세부적으로 체크하고 싶었기 때문이다.

세미나 후 문제 해결에 사용한 나의 독창적인 방법을

조금 더 개선할 필요성을 느낀 나는, 한 달 동안 쉬게 해달라고 학교에 휴가를 신청했다. 그것이 승인된 지 얼마 안 된 어느 날 우연히 만난 자리스키 선생님은 "자네의 특이점 해소는 여전히 정리 중인가?"라고 물으셨다.

증명을 통해 정리$_{定理}$가 되었다고 생각한 것을 자세히 검토한 결과 뜻밖의 허점을 발견하고 다시 미해결의 문제로 돌아가버리는 예는 수학 세계에서는 흔히 있는 일이다. 그는 그것을 걱정해서 말씀하셨는데, 나는 어깨를 펴고 "여전히 정리 중입니다"라고 대답했다. 몇 군데 수정해야 하는 점은 있었지만 아이디어가 뚜렷했고 자신이 있었기 때문이다.

그때부터 나는 할애할 수 있는 모든 시간을 논문을 쓰는 데 바쳤다. 원래 올빼미 체질인 나는 저녁식사 후 10시 정도까지 텔레비전을 보거나 가족과 대화를 하고 나서 일을 시작하는 것이 보통이었다. 잠자는 것은 새벽 5시부터였다.

내가 잠들면 얼마 후 아내가 일어나서 간밤에 내가 쓴 원고의 페이지 수를 세어 타이피스트에게 넘긴다. 나중에 일어난 나는 타이프된 원고를 읽고 논리 구성에 잘못이 없는지, 세부 증명까지 잘 되어 있는지 등을 자세히 검토한다. 미비한 점이 없으면 다음 전개를 생각한다. 그렇게 하는 동안에 저녁식사 시간을 맞는 것이 당시의 일과였다.

대학에서 강의가 있는 날은 물론 나가야 한다. 그러나 잠을 충분히 자지 못하고 간밤에 문제와 격투한 여운이 몽롱한 상태로 머릿속에 남아 있어서 100퍼센트 강의에 집중할 수가 없었다. 그러한 나의 강의를 들어야 하는 학생들에게는 그저 미안하기만 했다.

수학의 논문은 소설을 쓰는 식으로는 쓸 수 없다. 소설을 써본 적이 없어 단언할 수는 없지만, 소설은 써가는 도중에 만족스럽지 못한 점이 발견되어도 구태여 처음부터 다시 쓸 필요는 없을 것이다. 그러나 수학 논문은 다르다. 조금이라도 논리가 맞지 않는 곳이 발견되면 원점으로 돌아가서 논리를 바로잡아 다시 써야 한다. 따라서 잘되는 날 수십 페이지를 진행시켰다가 다음 날은 그것을 모두 버려야 하는 경우도 적지 않다. 이 논문을 쓸 때도 몇 번이나 그런 경우를 당했다. 그런 밤을 보낸 아침에 대학에 나갈 때의 기분은 어쩐지 찜찜했다.

하여간 쓰기 시작한 지 두 달 정도 지난 후 드디어 논문을 탈고했다. 한밤중이었다. 완성한 논문의 정식 제목은 〈표수 0인 체상의 대수다양체 특이점의 해소〉였다. 원고량은 매사추세츠주 전화번호책 두 권에 달하는 긴 논문이었다. 나중에 이 논문을 가리켜 '히로나카의 전화번호부'라고 부르게 된 것도 그런 이유였다. 하나의 정리를 증명한 논문으로서는 수학사상 최장의 논문이라고 한다. 이 논문은 미국 수학 전문지 〈수학연보〉에 두 번에 나누어 발표되었다.

이 논문이 발표되고 나서 얼마 지난 후의 일이었는데, 자리스키 선생님이 미국 수학회 회장직을 그만두면서 한 기념 강연에서 이렇게 말씀하셨다.

"히로나카가 이겼다."

이는 자리스키 선생님이 내가 논문을 발표한 후에도 몇 번이나 독자적인 방법으로 그 이론이 옳다는 것을 검증했다는 의미다. 자기도 풀 수 없었던 이론을 내가 완성했다고 선언함으로써 제자인 나에 대한 배려를 담은 말이었다고 생각한다.

세 가지 교훈

 나는 이 논문을 다시 읽어보며 새로이 깨달은 것이 있다. 8년 전 이 문제를 접한 후로는 뚜렷하게 의식하지 못했지만, 항상 이 문제에 초점을 맞춰 수학을 배우고 창조해왔다는 것이다.

 예컨대, 교토대학교 대학원에서 발표한 첫 논문도 결과적으로는 특이점 해소와 관련이 있다. 이후에 발표한 논문들도 마찬가지로, 박사학위를 받은 논문, 즉 나의 독자적인 유리변환 이론 역시 표면적으로는 관련이 없어 보이지만, 실질적으로는 특이점 문제 해결에 간접적으로 도움이 되었다.

 또한 이 연구를 돌이켜볼 때마다 당시 나에게 더 이상 바랄 수 없을 정도의 좋은 조건이 주어졌음을 느낀다. '특이점 해소'의 중요성을 숙지하고 스스로 3차원까지 푼 자리스키 선생님을 사사할 수 있었다는 것이 그 하나이고, 파리에서 반 년 동안의 연구생활에서 문제를 대국적으로 보는 뛰어난 관점을 가진 그로텐디크에게 배울 수 있었던 것, 또한 나와 같은 해에 하버드대학교의 객원교수로 초빙된 아키즈키 세미나의 나가타에게 배운 것 등이 문제 해결의 중요한 결정타가 되었던 것이다.

물론 나의 독자적인 아이디어도 있었다. 그러나 각각 창조적인 일을 하고 있던 세 선생님에게 배운 것이 큰 도움이 되어서 "알고 보니 이미 문제는 풀려 있었다"라는 것이 나의 솔직한 소감이다. 그것을 생각할 때마다 나는 이런 좋은 조건을 제공해준 눈에 보이지 않는 무엇인가에 대하여 진심으로 감사할 수밖에 없다.

이 장에서 이야기하는 주제는 '창조에 있어 중요한 것은 욕망'이라는 것이다. 이것을 말하기 위해 나는 나 자신의 연구에 많은 지면을 할애했다. 이제 나의 연구를 통해서 얻은 세 가지 교훈을 언급함으로써 끝내고자 한다.

첫째, 무엇인가를 만들어가는 과정에서 중요한 것은 유연성이다.

나는 특이점 해소에 도달할 때까지 두 번이나 본격적으로 도전했으며, 두 번 다 실패했지만 그때마다 문제에 집착하지 않았던 것이 결과적으로 현명했다고 생각한다. 해결 방법이 차단되었을 때, 장기에서 흔히 말하는 '훈수 초단'처럼 문제를 더 넓게 바라볼 수 있도록 물러섰다. 그리고 아이디어와 이론이 스스로 성숙할 때까지 기다렸다.

만일 벽에 부딪쳤을 때 계속 문제에 집착하고 있었다면 어떻게 되었을까? 아마 나는 꼼짝하지 않는 그 벽에 억눌려서 틀림없이 숨도 못 쉬게 되었을 것이다. 내가 유연하게 처신한 것은 정말 잘한 것이라고 생각한다.

이러한 유연한 자세는 아이를 키우는 과정에서도 중요하다. 성장하는 아이는 아주 귀여울 때가 있는가 하면 한없이 얄미울 때도 있다. 그리고 얄밉다고 해서 부모가 아이와 이별할 수는 없다. 그러면 어떻게 하면 좋은가? 벽에 부딪쳤을 때 내가 그랬듯이 한발 거리를 두고 아이를 지켜보는 유연한 태도가 필요하다. 창조라는 것은 아이를 키우는 것과 같다고 전에도 말했지만, 이 점에서도 양자가 비슷하다.

여담이지만 유연성에 관해서 일본인과 미국인의 차이를 보자. 일본 사람은 보통 자기 생각을 명확히 주장하기 전에는 대단히 유연성 있는 태도를 보이지만, 일단 자기를 겉으로 내보이고 주장한 후에는 놀랄 만큼 유연성을 잃어버린다. 다수결로 어떤 일을 결정한 후에도 여전히 "배신당했다"라든가 "부당하다"라든가 말이 많다. 미국 사람은 내가 아는 한 각자가 주장하는 단계에서는 열심히 자기 입장을 고집하고 완강하게 버티는 면이 있지만, 일단 표결 등으로 결정이 내려지면 의외로 유연성 있는 태도를 보인다.

둘째, 창조에 있어 욕망은 필수적인 요소이지만, 어디까지나 자기 내부에서 비롯된 것이어야 한다는 것을 뼈저리게 느꼈다.

자기 자신이 원하는 욕망이라고 생각했던 것이 사실은 사회 풍조라든가, 유행, 또는 매스컴이 제공하는 정보로 형성된 경우가 결코 적지 않기 때문이다. 이런 욕망은 쉽게 부서질 수 있다. 외부의 정세가 변하면 곧바로 사라져버리는 욕망이기 때문이다. 그리고 창조를 지속시키는 원동력이 될 수 없다. 내가 특이점 해소에 대한 욕망이 가짜가 아니라는 점은 정말 다행스러운 일이다.

셋째, 창조는 실제로 만들어보아야 비로소 그 가치를 발휘한다는 것이다.

프랭클린의 말을 되풀이하게 되는데, 그는 어떤 것이든 창조되고 나서야 비로소 의미가 생기고 스스로 걷기 시작한다고 했다. 이미 말했듯이 특이점 해소는 어떤 사람들에게는 거의 그 필요성이 인정되지 않았다. 내가 직접적으로 "쓸모없다"는 말을 들은 일도 있다.

그러나 이 정리가 만들어지자 이것으로부터 여러 가지 응용 이론이 생겨났다. 나 자신이 발표한 응용도 있지만 계속해서 훌륭한 응용을 생각한 사람은 다름 아닌 그로텐디크이다. 나의 특이점 해소 이론을 전혀 받아들이지 않았던 그가, 이 정리가 생기기 이전에는 상상도 할 수 없었던 새롭고 참신한 응용 이론을 잇따라 발표했던 것이다. 내가 창조한 정리가 스스로 걸어가는 모습을 보면서 진심으로 나는 프랭클린이 한 말의 참뜻을 맛보고 있다.

이상 세 가지의 교훈을 특이점 해소를 연구하는 과정에서 배웠는데, 앞으로의 연구에서도 이 교훈들은 크게 힘이 될 것이라고 생각한다.

나의 재산은 끈기

특이점 해소의 논문을 완성한 후, 국제 수학회가 열리는 스웨덴의 스톡홀름을 최종 목적지로 하는 약 3개월 동안의 여행을 떠났다. 이후 브랜다이스대학교에서 주어진 연구 휴가를 활용해 그해 9월부터 약 1년간 뉴저지주 프린스턴에 있는 고등연구소에서 지냈다. 이 연구소는 일주일에 한 번 세미나를 진행할 뿐, 나머지 시간은 연구에 몰두할 수 있도록 환경이 조성되어 있어 학자로서 최적의 장소라 할 수 있다.

조용한 그 대학가에서의 연구생활을 마친 1964년 9월, 나는 뉴욕의 컬럼비아대학교 교수로 임명되었다. 하버드대학교에서 박사학위를 받은 지 4년째 되던 해의 일이다. 그것만으로도 반가운데 게다가 그 해에는 'Research

Corporation Prize'라는 상을 받는, 기쁘지만 쑥스러운 경험을 했다. 수학자로서 내가 받은 첫 상이었다. 이 상을 받은 사람은 반드시 노벨상을 받는다는 전통이 있다. 또한 이 상은 상당히 미국적인 상이었다. 수상자인 나는 상장만 받고 상금 5,000달러는 아내에게 전달되었기 때문이다.

뉴욕에서 수상식에 참석한 다음 날, 나는 아내와 함께 5번가에 있는 티파니 보석 가게에 들어갔다. 트루먼 카포티Truman Capote의 소설 등에서 알려진 유명한 고급 보석점이다. 상금으로 반지를 사고 거기에 '특이점 해소'라는 영어 이니셜을 새겨서 아내에게 주었다.

개인적인 이야기지만, 나는 그보다 4년 전 박사학위를 받은 직후에 결혼했다. 당시 결혼식은 판사에게 10달러를 내고 간단한 의식을 통해 서로 결혼을 맹세하는 것이었다. 피로연 역시 친구들을 집에 초대해 간단한 저녁식사를 대접하는 정도로 매우 소박했다. 물론 신혼여행은 갈 형편이 되지 않았고, 결혼반지를 끼워줄 여유도 없었다. 뉴욕 티파니에서 큰 결심을 하고 반지를 산 것은 그때에 대한 작은 보상의 뜻도 있었다.

하여간 이 상을 시작으로 하여 그 후 나는 몇 개의 상을 받았다. 하버드대학교 교수로 임명되기 전인 1967년에는 일본의 아사히朝日상, 1970년에는 일본 가쿠시인日本學士院상, 그리고 같은 해 9월에는 필즈상을 수상했다. 또 1981년에는 프랑스 과학 아카데미의 외국인 회원으로 뽑히는 영광을 안았다.

그중에서도 필즈상은 수학자라면 누구나 꼭 받고 싶어 하는 영예로운 상이다. 그 상을 나에게 수여한다는 통지가 온 것은 그해 4월의 일이었다. 통지를 보낸 사람은 국제 수학자 연맹의 앙리 카르탕Henri Cartan이었다. 나는 1966년에 필즈상 수상 후보가 된 적이 있어서 별로 놀라지는 않았지만, 수상식이 가까워짐에 따라 새록새록 기쁨이 솟구쳤다.

수상식은 프랑스의 니스에서 거행되었다. 국제 수학자 회의가 9월 1일부터 10일 동안 개최되었는데, 수상식은 그 회의의 첫날에 있었다. 그날 수상한 사람은 나 이외에 디오판틴 근사Diophantine近似의 앨런 베이커Alan Baker, 위상 수학의 세르게이 노비코프Sergei Novikov, 유한군有限群의 존 톰프슨John Thompson 세 사람이었다.

개회식은 오전 9시 30분부터 있었다. 우선 국제 수학자 연맹의 앙리 카르탕 회장이 국제 수학자 회의의 의장을 선출하고, 이어서 프랑스 문교장관 및 니스 시장의 축사가 있은 다음, 필즈상 수상식이 거행되었다. 수상자의 업적을 소개하는 강연을 각 분야의 대표자가 하게 되어 있는데, 나의 경우는 그로텐디크가 강연을 맡았다.

이 회의에서 나는 50분에 걸쳐서 특이점 해소의 연구를 소개했는데, 쑥스럽기도 하고 신나기도 했다. 이와 같이 나는 특이점 해소의 연구로 창조하는 기쁨을 체험할 수 있었을 뿐만 아니라 여러 상을 수상하는 영광을 안았다.

문화훈장(일본 정부가 문화진흥에 공헌이 큰 사람에게 주는 훈장) 수상도 필즈상 못지않게 나를 흥분시켰다. 문화훈장을 받았을 당시를 상기하면서 창조에 대해 지금까지 말해온 나의 생각을 일단 마무리하고자 한다.

문화훈장 수여 통지를 문부성(2001년 문부과학성으로 명칭 변경)으로부터 받은 것은 하버드대학교의 교수가 된 지 7년째인 1975년의 일이었다. 어느 날 문부성의 담당자가 "이번에 문화훈장 후보가 되셨는데 이 훈장을 받아주시겠습니까?"라고 전화로 정중하게 알려왔다. 물론 나는 승낙했다. 동시에 일본의 문화공로자로도 선정되어 하버드대학교 동료들에게 "일생 동안 연금을 지급한다니, 그런 훈장은 세계 어디에도 없을 것이다"라는 부러움을 샀다. 자기가 좋아하는 일을 하면서 상까지 받다니 운이 좋았다고밖에 할 수 없다.

미국을 떠나 조국 일본 땅을 밟기 전까지, 나는 때때

로 고향의 풍경을 떠올리며 왠지 모를 따뜻한 감정에 빠져드는 자신을 종종 발견했다. 뉴잉글랜드에서 공부하던 당시, 졸기도 잘하는 나는 그럴 때마다 고향의 여러 광경을 자꾸 떠올렸다.

어렸을 때 아버지의 꾸지람을 피하기 위해 장롱 속에 책상을 들고 들어가서 공부했다는 것은 이미 말했지만, 늘 공부만 한 것은 아니다. 나도 다른 아이들과 마찬가지로 나무에 기어올라가고, 물장난을 하고, 전쟁놀이를 한 기억이 있다. 그러한 유아기나 소년 시절에 놀던 고향의 별 색다를 것도 없는 대나무밭이라든가, 돌담이라든가, 국민학교 때 칼싸움 놀이를 하던 신사 마당이라든가, 헤엄치고 놀던 냇가 등의 풍경이 단편적으로 자꾸 눈에 떠올랐다. 한 인간에게 있어서 고향이란 어떤 의미를 갖는 것일까? 정말로 소박한 마음 상태가 되었을 때 그 사람의 마음속에 스며드는 고향, 고향이란 참으로 이상한 것이다.

수상식 통지를 받고 나서는 더욱 고향을 생각하는 시간이 많았다. '고향 유우마치의 사람들은 나의 수상을 과연 기뻐할까? 어머니만은 틀림없이 크게 기뻐해주실 것이다.' 이런 생각을 해보는 것 자체가 즐거운 시간이었다.

11월 3일의 문화훈장 전달식을 마치고 다음의 축하연

에 참석한 나는, 6일 아침 신칸센으로 도쿄를 출발하여 신이와쿠니역에 내렸다. 드디어 그리던 고향에 도착한 것이다. 4년 만에 밟은 고향의 땅, 그리고 문턱을 넘어 들어서던 우리 집, 벌써 신이와쿠니에 내렸을 때부터 많은 친지, 친구들의 환영을 받아서 나는 기쁨으로 숨이 막힐 정도였다. 지극히 원시적인 기쁨, 어린아이가 된 기분, 아니 그때의 감정을 정확히 어떻게 표현해야 할지 모르겠다.

빗속에서의 퍼레이드가 시작된 것은 생가에 도착하고 나서 한 시간 정도 지났을 때였다. 나는 그때도 수여식과 축하연 때와 마찬가지로 가문의 문장紋章이 찍힌 정장을 입었다. 이 정장은 어머니가 손수 고쳐주신, 돌아가신 아버지의 것이었다. 아버지는 1970년 8월, 평소처럼 자전거를 타고 행상하던 도중 철도 건널목에서 교통사고로 돌아가셨다. 당시 79세이셨다.

나는 미국에 있는 동안 아버지께 편지를 자주 보내며 다음과 같은 글을 올렸다.

"아버님, 행상을 그만두시면 안 됩니다. 운동도 되고 하니까 돌아가실 때까지 계속하세요. 빚이 생기면 제가 돈을 드릴 테니 걱정 마시고 적당히 하십시오."

아버지는 그 말 그대로 선천적인 상인답게 돌아가셨다.

행상을 하던 아버지는 나를 장사꾼으로 키우고 싶어 하셨기 때문에, 내가 집에 돌아오면 뭔가 심부름을 시켜 공부를 못 하게 하셨다. 대학 입시 일주일 전까지 밭일을 시킨 것도, 합격하지 않으면 좋겠다거나 상인이 되어주길 바란다는 생각 때문이었을지도 모른다. 내가 교토대학교에 가게 되었을 때도 수업료, 입학금, 교통비, 교과서 비용을 포함한 5,000엔을 주었을 뿐, 부족한 부분은 스스로 해결하라는 방식이었다.

그러나 그런 아버지도 어느덧 내가 미국에서 보낸 편지를 동네 사람이나 행상으로 돌아다니는 집의 사람들에게 자랑하는 천진한 아버지가 되셨다. 그리고 내가 가쿠시인상을 수상했을 때는 "내 일생에서 이렇게 기쁜 일은 다시 없을 거다"라며 진심으로 기뻐해주셨다. 아버지의 따뜻한 체취가 담긴 정장을 입고, 나는 아버지와 함께 수상의 기쁨을 나누었다.

퍼레이드가 끝나고, 내가 재학 당시에는 유우국민학교라고 부르던 지금의 유우소학교(일본에서는 국민학교를 소학교라 함—옮긴이)의 강당에서 600명의 후배들 앞에서 강연을 했다. 강연이라고 하지만 불과 15분 정도의 이야기일 뿐이었는데, 상당히 흥분하고 있었던 탓에 나도 모르게 이런 말이 입에서 튀어나왔다.

"나를 가리켜서 재주가 뛰어나다라든가 두뇌가 명석하다고 말해주시는 것은 대단히 기쁩니다만, 그것은 사실이 아닙니다. 히로나카 헤이스케는 뛰어난 노력가일 뿐입니다."

지금 돌이켜보면 부끄러운 말을 뻔뻔스럽게 했다고 여겨지지만, 빛나는 눈으로 나를 바라보던 고향의 국민학교, 중학교 후배들에게 그것이 가장 하고 싶었던 말이었고, 또 유일하게 전할 수 있는 것이었다.

쇼와 시대 태생으로는 처음으로 문화훈장을 받음으로써 나는 화제의 인물이 되었다. 그 밖에 몇 개의 상을 더 받은 나는 매스컴에 의해 화려한 타이틀이 붙여지고 명석한 두뇌, 뛰어난 재능의 소유자처럼 취급되었다. 재능이 있다는 말을 듣고 기분이 나쁘지 않은 것은 당연하다. 그러나 나를 제일 잘 아는 사람은 누군가? 나 자신이다. 솔직히 나 스스로 뛰어난 재주를 가졌다고는 생각하지 않는다. 그렇지만 노력하는 데 있어서는 절대적으로 자신이 있다. 바꾸어 말해 끝까지 해내는 끈기에 있어서는 결코 남에게 지지 않는다.

나는 그와 같은 것을 소년 소녀들에게 이야기했다. 시골 유우마치에서 태어났기 때문이라고 특별히 관련시킬 생각은 없지만 나는 본래 느긋한 성격인 것 같다. 할머니나 어머니에게서 이어받은 성격 때문인지 태평스러운 편이며 둔하기도 하다.

연구를 하는 데 있어서도 이 성격이 나타난다. 나는 눈앞에 나타난 문제를 처음에는 막연히 쳐다만 본다. 주변의 학자들이 그 문제에 맞붙는 모습도 그저 쳐다보고 있는 것이 보통이다. 그러나 그렇게 하는 동안에 무엇이 중요한 문제인지, 혹은 어떤 문제에 몰두하면 좋은지 조금씩 보이기 시작한다. 문제의 윤곽이 어렴풋이 떠오른다. 우선 그렇게 되는 데까지 상당한 시간을 소모한다.

그러나 언제까지나 이러한 상태에 머물러 있으면 창조를 할 수 없다. 그래서 나는 마음속에 있는 욕망을 발동시켜서 비약하려 하고 행운을 잡으려고 한다. 운運이라는 불연속적인 비약을 하지 않으면 새로운 것을 창조할 수가 없다.

그리고 나서 문제에 몰두하기 시작하는데, 그때 나 자신에게 상기시키는 것은 항상 소심素心을 잊지 말라는 것이다. 수학자에게 제일 중요한 것은 발상이며 아이디어다. 그 아이디어는 문제의 입장에 서서 자기 자신과 문제가 혼연일체, 즉 소심의 상태가 되어야 비로소 탄생한다고 생각한다.

느긋하게 기다리고鈍, 기회를 잡을 행운이 오면運, 나머지는 끈기根이다. 나는 남보다 두 배의 시간을 들이는 것을 신조로 하고 있다. 그리고 끝까지 해내는 끈기를 의식적으로 키워왔다. 끝까지 해내지 않으면 그 과정이 아무리 우수하더라도 결과가 생겨날 수 없기 때문이다. 아무리 두뇌가 우수하더라도 업적을 쌓지 않으면 수학자라고 말할 자격이 없다.

노력이란 말은 나에게는 남보다 더 많은 시간을 들인다는 것과 같은 말이다. 고향의 소년 소녀들 앞에서 강조한 것을 창조성에 대한 이야기로 끝을 맺으면서, 여기서 다시 한번 독자들에게 강조하고 싶다.

자기발견

―

4

새로운 '나'의 발견

나는 빙산을 본 적이 있다. 처음 본 것은 미국으로 유학 가는 배 위에서였는데, 25년 전의 일이다.

그해 풀브라이트 유학생Fulbright Scholarship(미국 정부가 모집하는 유급 유학 제도) 30명 정도를 태운 히카와호는 요코하마를 출발하여 11일째에 알래스카만을 항해하고 있었다. 알래스카의 바다는 고향의 바다와는 전혀 달랐다. 거칠고 차가운 바다에 거대한 빙산이 떠 있었다. 갑판에 나가 숨을 내뿜으면서 순백의 그 얼음덩어리를 바라보았다. 정말 신비스럽고 아름다웠다. 그리고 장엄한 느낌을 주었다.

인간이란 무엇인가? 그리고 인생이란? 가끔 그러한 물음에 직면할 때마다 나는 항상 그때의 광경을 떠올리며 빙산의 하얀 모습을 상기한다.

우리 눈에 보이는 빙산은 빙산 전체로 보면 극히 작은 부분에 불과하다. 눈에 보이지 않는 바닷속에는 바다 위에 나타난 부분의 11배 정도가 있다고 한다. 신비스럽고 아름다운 빙산은 바닷속에 잠자고 있는 그 거대한 얼음덩어리가 뒷받침하고 있는 것이다.

사람의 두뇌도 그것과 비슷하다. 두뇌의 불가사의한 특성에 대해서는 이미 언급했지만, 그림으로 나타내면 빙산과 같은 모양이 될 것이다.

인간의 두뇌에는 140억 개의 뇌세포가 있다. 그 140억 개의 뇌세포를 다 쓰려면 234세라는 긴 수명이 필요하다고 한다. 사람은 방대한 수의 뇌세포를 가지고 있지만 보통 그 10퍼센트, 많아야 20퍼센트 정도밖에 못 쓰고 일생을 마치는 것이 대부분이다. 쓰이지 않은 뇌세포는 마치 바닷속에 숨어 있어서 사람 눈에 띄지 않는 빙산과 같다. 즉, 우리는 잠자고 있는 거대한 뇌세포에 숨어 있는 자기 재능이나 자질을 스스로 알아보지 못하는 것이다.

다른 사람의 눈에 보이는 자기의 재능이나 자질은 극히 적다. 또 자기의 눈에 보이는 재능이나 자질도 세포의 거대한 창고에 매장된 것에 비하면 바다 위에 떠오른 빙산처럼 극히 미미하다. 사람은 이렇게 미지의 자기 자신을 다 알지도 못한 채 죽는다.

자기의 재능을 모두 발견하고, 자기라는 인간을 완전히 이해하기에는 우리의 인생은 너무 짧다. 안타까울 따름이다.

그렇다고 해서 미지의 자기를 알려고 하는 노력을 게을리하면 안 된다. 물론 자기의 능력이나 성격을 인정하고 그 범위 내에서 살아가는 인생을 부정할 수는 없다. 또 그럴 자격도 없다. 그러나 그것은 적어도 도전하는 인생이라고는 말할 수 없을 것이다. 그리고 도전이 없는 인생은 놀라움이나 커다란 기쁨을 제공해주지 못한다.

인생에서도 물론 즐거움을 체험할 수 있겠지만 내 경험을 통해 볼 때 자기의 새로운 일면을 발견하여 "나에게 이런 면도 있었구나!"라고 자기 자신을 보다 깊이 이해하는 기쁨이 훨씬 크다고 생각한다.

그러면 미지의 자기를 발견하기 위해서는 어떻게 해야 하나? 사방이 고요한 깊은 밤에 책상 앞에 바로 앉아 자기라는 인간을 직시하거나, 혹은 책을 읽고 사색하며 자기를 깊이 돌이켜보는 방법도 있을 것이다. 그러나 그렇게 해서 미지의 자기를 발견한다면 그 사람은 아마 천재이거나 특수한 훈련을 받은 사람일 것이다.

그러면 보통 사람일 경우에는 어떻게 해야 미지의 자

기와 만날 수 있을까? 내 체험담을 소개하겠다.

고등학교 2학년 여름에 내가 막노동을 한 것은 이미 앞에서 이야기했다. 가족을 돕기 위해서가 아니라 단순한 호기심에서 일을 했다는 것도.

그 당시는 전쟁 직후여서 물자가 귀했다. 먹을 것도 없고 살 곳도 없었을 뿐만 아니라 모든 것이 다 부족했다. 사람들은 전쟁의 상처에서 벗어나기 위해 아우성이었다. '부흥 붐'을 타고 나무들이 무단으로 벌채되었기 때문에 한 번 큰비가 오면 물이 넘쳐서 제방이 무너지고 해안선이 엉망이 되었다.

나의 아르바이트는 그러한 제방의 복구 작업이었다. 그 공사 현장에서 일을 하는 사람들은 그때까지 내가 접해온 이들과는 전혀 다른 부류의 사람들이었다. 첫째로 그들은 매우 호전적이었다. '싸움 기질'을 타고난 사람들이라고나 할까?

그런데 싸움 기질이라는 것은 나와는 전혀 인연이 없는 것이었다. 몸집이 작은 나는 체력에 자신이 없었다. 국민학교 때부터 체육 성적이 좋지 않았고 성격도 자기주장이 그다지 강력한 편이 아니었다. 한마디로 싸움에는 전혀 흥미 없는 타입이었다.

공사장의 사람들은 호전적 기질의 사람들이었으므로

성격이나 말씨도 거칠었다. 문제가 생기면 매번 큰 소리로 상대를 욕하고 때로는 주먹다짐을 하기도 했다.

그런 이질적인 사람들과 한 달여 간 흙투성이로 일하는 동안에 나는 그 사람들의 내면에, 겉으로는 느낄 수 없는 의외로 따뜻하고 부드러운 애정이 있다는 것을 알게 되었다.

나는 어릴 때 밭일을 도운 적이 있어서 삽을 사용하는 솜씨가 그렇게 서툰 편이 아니라고 생각했다. 그런데 공사 현장에서의 작업에는 내가 아는 삽 사용법이 통하지 않았다. 열심히 팠는데도 좀처럼 효과가 없었다. 그것을 지켜보던 사람이 한마디의 면박도 없이 이것은 이렇게 쓰면 된다고 손수 가르쳐주었다.

또 어떤 사람은 공사 현장의 망루를 만드는 작업에 내가 참가하려고 하자 나를 말리면서, "이것은 잘 모르는 사람이 손을 대면 다칠 위험이 있으니까 우리에게 맡기게"라고 했다.

이런 일은 자주 있었는데 나는 그럴 때마다 그들의 자상함에 감동했다. 이것을 '인정 기질'이라고 할 것이다. 겉으로 드러나는 싸움 기질과는 판이한, 그 사람들 내부에 있는 부드러움과 따뜻함을 느끼고 감동한다는 것은 나 자신 속에도 그러한 부분이 있기 때문일 것이다.

흔히 수학자는 직업상 컴퓨터와 같은 두뇌를 가진 소위 차가운 성격의 인간으로 인식되기 쉽지만, 나 자신은 결코 그렇지 않다고 생각한다. 나를 잘 아는 친구들도 "너는 모리노 이시마쓰森の石松(일본 에도 시대의 협객)를 닮았다"라든지, 때로는 격을 올려 "시미즈 노지로초清水次郎長(모리노 이시마쓰가 속한 파의 두목이었지만 만년에는 사회봉사활동과 함께 후지산 기슭의 개간에 힘썼다)와 같다"라고도 한다. 나 자신도 고등학교 시절에 이미 내부에 그러한 면이 어느 정도 있다는 것을 발견했었다.

자기와 다른 여러 세계의 사람들과 접하여 서로 작용하는 것은 하나의 행동이다. 이와 같이 어떤 행동을 스스로 일으키면서 그 가운데에서 자기를 발견해나가는 것이 중요하다고 본다.

이 책의 주제인 창조도 사실은 자기의 알려지지 않은 부분을 발견하기 위한 가장 효과적인 행동임에 틀림없을 것이다. 적어도 나에게는 그랬다. 나는 무엇보다도 창조하는 과정에서 내 마음속에 잠자고 있던 것을 발굴하고 나라는 인간을 보다 깊이 이해하게 되었다. 따라서 창조하는 기쁨의 하나는 새로운 자기를 발견하는 것이라고도 말할 수 있다.

묻고, 듣고, 또 묻고

　여러 세계에서 살아가는 여러 부류의 사람들과 접하는 것이 자기도 모르고 있던 자신에 대한 부분을 발견할 수 있는 하나의 계기가 된다. 고등학교 시절의 체험을 예로 들어 말하였지만, 덧붙여 설명하면 문화, 언어, 습관, 역사 등이 다른 외국 사람들과 교류하는 것도 자기 발견에 효과적인 수단 중 하나이다.

　내 경우에는 미국과 프랑스에 유학하면서 나와는 전혀 다른 문화권 속에서 살아온 사람들과 같이 학문을 하는 사이에 스스로 숨어 있던 자질을 새로 찾아냈다.

　옛날과 비교하면 지금은 유학의 제반 조건이나 유학 가려는 사람의 성향이 많이 달라졌다. 참고 삼아 내가 미국에 유학했을 때의 이야기를 해보겠다.

내가 히카와호로 시애틀에 도착한 것은 1957년 9월 9일이었다. 당시에는 처음으로 이국땅을 밟은 것이니만큼 그만한 감회가 있었을 테지만 특별히 기억에 남는 것은 없다. 다만 그날 밤 시애틀의 싸구려 호텔에 묵은 일은 아직도 잊을 수가 없다. 숙박료는 1달러로 아마 그 지역에서 가장 쌌던 것 같다.

그 무렵, 유학생은 일본 돈으로 1만 엔까지 달러로 바꿀 수가 있었다. 그러나 내가 가진 돈은 그 한도에도 미치지 못하는 최소한의 금액이었으므로, 비용을 아끼려고 그런 싸구려 호텔에 묵은 것이었다. 물론 나 혼자만이 그 호텔에 묵은 것은 아니었다.

다음 날, 하버드대학교에 유학하기로 되어 있던 다른 두 사람을 포함한 5명의 유학생과 함께 대륙 횡단 열차를 탔다. 풀브라이트 유학 제도 덕분에 우리는 일등칸의 독방에 탈 수가 있었으므로 그런 면에서는 더할 나위 없이 사치스러운 기차 여행이었다.

그러나 식비까지 지급되는 것이 아니었기 때문에 주머니가 빈약한 우리는 기차의 식당칸에 들어갈 수가 없었다. 그래서 역에 설 때마다, 근처의 슈퍼마켓에 들어가서 될 수 있는 대로 값싼 음식으로 허기를 채웠다. 당시의 대륙 횡단 열차는 시카고역 등에서는 반나절이나 정차할 정도로 느긋했으므로 물건 살 시간도 충분했다.

그것까지는 좋았는데, 어떤 역에서 한 친구가 사온 통조림을 보고는 모두가 질려버렸다. 그가 "굉장히 싸다"고 자랑스럽게 꺼낸 그 통조림에는 '도그 푸드dog food'라고 적혀 있었다. 처음에는 거부감을 느꼈지만 먹어보니까 뜻밖에도 맛이 그리 나쁘지 않았다.

이렇게 다시는 해볼 수 없는 기차 여행을 마치고 보스턴역에 도착한 것은 시애틀을 출발한 지 3일째 되는 날이었다. 역에는 우리를 대학 기숙사에 데려다주기 위한 차가 마중 나와 있었다.

보스턴시의 첫인상이나 그때의 나의 생각 등도 20년이나 지난 지금은 거의 기억에 남아 있지 않다. 다만 이국 땅에서 새로운 생활을 시작하는 데 대한 복잡한 생각으로 나도 모르게 몸이 떨렸던 것만은 기억한다. 나의 유학 생활은 이렇게 시작되었다.

기숙사 생활은 호화스러웠다. 식사만 하더라도 아침에는 항상 달걀이 두 개씩 나왔고 점심은 고기 요리, 그리고 저녁은 스테이크였으며, 그것도 몇 번이고 더 달라고 할 수 있었다. 나중에는 질려서 일본 음식을 그리워하기도 했지만, 처음에는 저녁 식사 때마다 스테이크를 더 달라고 했었다.

그리고 각자에게 독방이 주어져서 마음 놓고 공부할 수가 있었다. 교토대학교 대학원 시절, 일주일에 세 번 가정교사 노릇을 하고 두 군데 학원에서 아르바이트를 해서 들어오는 월수입이 2만 5천 엔이나 되었다. 가끔 대학 조교수의 봉급보다 수입이 더 많을 때도 있었다. 그에 비하면 유학 시절 장학금으로 받은 돈은 기숙사비, 식비, 의료보험 등 여러 가지 필요 경비를 빼고 나면 용돈으로 월 10달러 정도밖에 안 남았기 때문에 여유라는 면에서는 천양지차가 있었다. 그러나 먹고 지내는 것에 불편이 없었기 때문에 특별히 용돈이 필요 없었다. 쓰는 돈이라야 친구하고 커피를 마신다거나 학용품을 사는 정도였다.

미국에 유학해서 처음 3년 동안은 옷에는 거의 돈을 쓰지 않았다. 셔츠 같은 것을 두어 벌 사기는 했지만 거의 요코하마를 떠났을 때의 복장으로 지냈다. 몇 번이나 세탁하는 사이에 옷이 낡아 너덜너덜해졌지만, 원래 멋을 내는 것에는 무관심한 편이었기 때문에 전혀 신경이 쓰이지 않았다.

좋아하는 술도 유학한 처음 3년 동안은 거의 입에 대지 않았다. 덕분에 저축할 생각이 없었는데도 유학해서 3년 동안 매달 10달러의 용돈을 모았고 그 돈으로 타자기를 한 대 구입하기도 했다. 그러나 책이나 공책을 살 돈은 가끔 부족했다. 그럴 때 나를 도와준 분이 자리스키 선생님이었다. 내가 곤궁한 것을 알고 자리스키 선생님은 가끔 자신의 월급봉투에서 몇 장의 지폐를 꺼내어 "이걸로 사게" 하고 빌려주셨다. 물론 그 돈은 나중에 갚아드렸다.

자리스키 선생님은 가정교사 자리를 소개해주시기도 했다. 상대는 대학원생으로 한 번 가르칠 때마다 5달러를 받을 수 있었기 때문에 얼른 승낙했다. 그러나 결국 나는 자리스키 선생님의 호의를 저버린 셈이 되었다. 두 번째 가르친 후에 그 학생에게서 "이제 됐습니다"라고 거꾸로 거절을 당했던 것이다. 이유는 내 영어가 상대방에게 통하지 않았기 때문이다.

"유학 가서 언어 때문에 상당히 힘드셨을 텐데"라는 질문을 자주 받는다. 그러나 이야기하거나 공부를 가르칠 때는 약간 힘들었지만 그 외에는 별로 곤란한 경험이 없었다.

유학을 앞두고 영어 공부를 열심히 했는데도 일상회화에는 별로 도움이 안 되었다. 그렇지만 수학이라는 국제어가 있었기 때문에 학문을 하는 데는 전혀 지장이 없었다. 그리고 학문만 할 수 있으면 그것으로 만족했고, 그 밖의 일은 아무래도 상관없었다. 그것은 아마 내 전공이 자연과학 분야의 학문이었기 때문일 것이다. 인문과학을 배우러 유학 온 일본 사람 중에는 어학 때문에 심각하게 고민하는 사람들도 적지 않았다.

내 아내의 경우 브랜다이스대학교에 유학하여 사회학을 전공했는데, 유학 초기에는 자기 자신을 충분히 표현할 수 없었음은 물론, 상대방의 말도 이해할 수 없어서 고생을 했다고 한다. 또한 어학뿐만 아니라 생활 습관의 차이 때문에 일본 사람과 일본어로 하루에 10분만이라도 마음껏 이야기하고 싶은 충동을 자주 느꼈다고 한다.

내게는 그러한 경험이 없었다. 물론 어학 실력은 충분하지 못했지만 수학이라는 국제어가 있었던 것과, 당시 하버드대학교에 객원 교수로 나가타 선생님이 가족 동반하여 와 계셨던 덕분이다. 나가타 선생님 댁을 찾아가면 식사는 물론 일본 가정의 분위기에 흠뻑 젖을 수 있었고, 일본어로 수학 이야기나 일상회화도 충분히 할 수 있었다.

그럭저럭 지내는 동안에 유학 1년이 지나고 2년째가 되면서 나는 기숙사에서 알게 된 학생 둘과 같이 아파트를 빌렸다. 그렇게 하는 편이 기숙사비를 내는 것보다 싸게 지낼 수 있었기 때문이었는데, 그때부터는 더 이상 영어회화를 하지 않고서는 생활할 수 없게 되었다. 말이 통하지 않으면 공동생활을 원활히 할 수 없기 때문이다.

어느 날 아침, 나는 같이 지내는 친구에게 핀잔을 들었다. 얘기인즉 내가 어젯밤에 먹은 그릇을 설거지하지 않은 것은 대단히 나쁜 일이고, 공동생활의 예의에 어긋나는 행동이라고 화를 내는 것이었다. 그런데 사실은 설거지를 안 한 사람은 다른 친구였고 내가 누명을 쓴 것이었다.

나는 사실을 밝히려고 애썼지만 안타깝게도 마음대로 말이 나오질 않았다. 너무 억울해서 죄가 없다는 것을 증명하는 문장을 사전을 찾아가면서 영어로 만들어 암기한 후 오후에 그 친구가 들어오기를 기다렸다가 당당하게 반박하였다. 그런데 그 친구는 아침에 자기가 말한 것을 벌써 깨끗이 잊어버린 듯 내 말에 반응을 보이지 않았다. "기억이 안 나? 좀 생각해봐" 하고 말했지만 그는 끝내 생각해내지 못하고 말았다.

또 어떤 때는 여자 친구를 집에 초대한 친구가 두 시간만 자리를 비켜달라고 해서 부엌에서 공부한 적이 있었다. 그때 그는 약속한 두 시간이 훨씬 넘도록 태연하게 그녀와 이야기를 했고 참을 수 없었던 나는 영어 메모를 작성했다. 그 내용은 만일 그가 이렇게 반박해오면 이런 말로 대꾸한다는 식으로 상대방의 말을 예측해서 작성한 문답식의 상세한 메모였다. 그것을 외워서 자신만만하게 다음 날 아침 그에게 따지려 했는데 그는 이미 전날의 약속을 깨끗이 잊어버렸기 때문에 이야기가 되지 않았다.

어쨌든 무언가 주장해야 할 일이 있을 때는 언제나 이 방법을 썼다.

나는 파리에 가기 전 1년 동안 그런 생활을 했는데, 그러는 동안 영어회화 실력이 현저히 향상되었다. 그러나 내가 해야 했던 언어는 영어회화뿐만이 아니었다.

그 당시 나는 하버드대학교에서 박사학위를 받기 위해 자격 시험에 좋은 성적으로 합격했고 언제든지 박사학위 논문을 쓸 수 있는 연구 결과도 갖고 있었지만, 외국어 시험에 아직 통과하지 못했다. 두 외국어 시험에서 독일어는 운 좋게 한 번만에 합격했는데 프랑스어는 세 번이나 계속 떨어졌다. 그때 자리스키 선생님이 사모님으로 하여금 특별히 개인 지도를 하게 해주어서 매주 한 번 선생님 댁을 방문하여 공부한 끝에 간신히 몇 달 후 합격했다. 어쨌든 어학 때문에 여러 가지 고생한 추억이 있다.

우리가 유학했던 시절과 달리 지금의 젊은이들은 회화를 배우기 위한 좋은 조건이 시각적으로나 청각적으로 충분히 주어져 있다. 어학 면으로 보면 옛날보다 지금이 유학에는 유리한 시대라고 할 수 있다.

당시 우리 일본 유학생들은 영어를 잘 못하는 울분을 해소하기 위해 식사하려고 식당에 모였을 때마다 일본어로 실컷 이야기했다. 지금 와 생각해보면, 그 시간도 무척 즐거운 시간이었던 것 같다.

하버드대학교에는 법률, 경제, 교육, 생물, 종교학 등 여러 분야의 유학생들이 있었다. 요사이 유행하는 말로 하면 '학제적學際的 분위기'라고도 할 수 있는 것이었다. 현재 의학이나 생물학에서는 무엇이 제일 문제인가? 경제학을 전공하는 사람의 최근 관심사는 무엇인가? 미국의 교육학이나 종교학은 무엇을 가르치고 있는가? 여러 학문 분야의 사람들이 마음대로 이야기하는 분위기는 그야말로 학구적인 것이었다.

나는 그런 유학생들과 이야기하는 가운데 여러 가지 이학耳學(귀동냥이라는 뜻으로 저자가 만든 말. 듣기와 묻기, 토론을 통한 학습―옮긴이)을 할 수 있었다. 이 점에서 나의 유학은 정말로 잘한 일이라고 생각한다.

일반적으로 미국에서는 이학이 발달되어 있는데, 그 이유로는 미국이란 나라가 높은 봉급으로 교수를 고용하기 때문에 여러 나라에서 우수한 인재들이 모여 있다는 점을 빼놓을 수 없다. 이학이라는 것은 책에서 배우는 것이 아니라 직접 사람과 접하면서 그 사람이 갖고 있는 지식이나 사고방식을 배우는 것을 말한다. 따라서 우수한 인재가 모여 있다는 것은 그만큼 이학이 발달될 소지도 크다는 것이다.

미국에서 이학이 발달하고 있음을 잘 나타내주는 예로서 자주 거론되는 것으로 미국 사람들은 질문하는 기술이 좋다는 것이다. 사실은 기술이 좋다기보다 모르는 것은 무엇이든지 질문하는 습성이 있는 것이다.

이것과 관련하여 컬럼비아대학교에 있었을 때 만난 한 제자 생각이 난다. 멀리서 그의 모습이 보이면 교수들이 피해 갈 정도로 만날 때마다 질문을 해대는 학생이었다. 학교에서뿐만 아니라 밤 늦은 시간에도 교수 집에 전화를 해서 한 시간씩이나 질문을 하기도 했다. 외모는 뛰어났지만 컬럼비아대학교에 들어올 정도의 실력이 못 되는 학생이었기 때문에(경력이 특이하고, 면접 시 학구열을 인정받아서 입학시킨 학생이었다) 그의 질문은 대부분 전혀 조리가 맞지 않고 요점이 없었다. 나도 대학이나 집으로 걸려 오는 전화를 통하여 그의 학구열이 왕성하긴 하나 시시한 질문에 몇 번이나 손을 들었다.

그런데 입학해서 2년 정도 지나니까 그는 더 이상 시시한 질문만 하는 학생이 아니었다. 가끔 질문다운 질문을 할 때도 있었고 4학년이 되어서는 마침내 우수한 논문을 써내 학계 일류의 논문지에 발표할 정도로까지 성장했다. 그는 그 후 내가 하버드대학교로 옮길 때 강사로 따라왔다가, 스탠퍼드대학교의 조교수를 거쳐 지금은 캘리

포니아대학교의 교수가 되었다.

이 학생에게서 전형적인 예를 보듯이 미국에서는 질문을 통해 배운다. 즉, 귀로 배우는 '이학'이 학문의 한 방법으로 널리 쓰이고 있다. 일본 사람들은 일반적으로 '좋은 질문'과 '시시한 질문'을 구별하고, 실제로 답을 알면서도 자기 재능이나 발상을 과시하기 위하여 질문하는 경향이 있다. 미국 사람들은 좋은 질문이나 시시한 질문에 상관없이 모르는 것은 무엇이든지 질문하고 할 수만 있다면 질문만으로 다 배워 보겠다는 자세가 있다.

일류 대학의 학생이라면, 이학만으로 단기간 내에 상당한 수준까지 배울 수가 있다. 가령 300~400페이지 분량의 책에 써진 내용을 배우려고 할 때, 학생은 교수에게 가서 "이 책에는 무엇이 쓰여 있습니까?" 하고 일본의 대학에서는 상상도 할 수 없는 질문을 한다. 다소 유치하고 대략적인 질문이지만, 질문받은 교수는 그에 대해서 학생에게 열심히 설명한다. 그러면 그 설명에 대해서 또 질문하고, 그것을 몇 시간에 걸쳐서 되풀이하는 동안에 학생은 그 책의 요점을 파악해버린다. 두꺼운 책을 몇 페이지 읽다가 이해하지 못해 포기하는 것보다 질문을 하는 것이 결과적으로 좋은 효과를 내는 셈이다. 물론 상세한 부분은 스스로 읽어야 되겠지만, 대체적인 요점이나 골

격을 파악하면 책에 대한 이해는 훨씬 빠르다.

학생과의 관계에서 자주 경험하는 일인데, 일본 학생은 'why'라든가 'how'라고 질문하는 경우가 매우 많다. 말할 것도 없이 'why'라는 것은 '왜'라는 것인데, 이것은 '진리眞理'를 물어보고 있는 것이다. 이에 반해 미국 학생은 'what'이라는 형태의 질문을 많이 한다. "그것은 도대체 무엇이냐?"라는 식으로 물어본다. 이것은 '사실事實'을 묻는 것이다.

요컨대 일본 학생은 사실의 배후에 있는 진리를 구하고 있다고 해석할 수 있다. 'why'라고 묻는 것이 사실만으로 만족할 수 없기 때문이라면 나름대로 훌륭한 질문이 될 수 있다. 그러나 경우에 따라서는 정보情報를 진리로 착각할 때도 있고, 사실을 모르면서 진리라는 말을 혼동하여 자기 만족에 빠지는 경우도 있을 수 있다.

한편 사실을 확실히 알지 못하고 출발하는 것도 위험하다. 사실을 통해서 진리를 간파하는 것은 자기의 일이며 딴사람에게 물어서 해결하는 것이 아니라는 태도도 있다. 어느 쪽이 좋다고 얘기하기는 힘들지만 미국과 일본과는 그러한 차이가 있다는 것을 알아두는 것도 좋을 것이다.

이학은 단순히 학문에서뿐만 아니라 여러 방면에서 이

용된다. 예를 들어 일본에 대해서 알고 싶어 하는 미국 사람은 일본에 관해서 쓴 책을 읽기보다 우선 주변의 일본 사람에게 자꾸 질문한다. 나도 주변의 미국 사람에게서 일본에 대한 여러 가지 질문을 받은 적이 있다. 질문을 받으면 대답해야 한다. 대답해주지 않으면 자기도 상대방에게 그와 비슷한 질문을 할 수 없기 때문이다.

어떻게 대답하면 좋은가? 일본이란 어떤 나라인가, 일본인이란 어떤 성격을 가진 국민인가? 자기 스스로도 생각해보고 책을 읽고 배워야 한다. 가르치기 위해서는 배워야 한다. 바꾸어 말하면 배우기 위한 방법의 하나는 남에게 가르치는 것이다.

이러한 경험을 되풀이하는 동안에 일본이라는 나라의, 눈에 보이지 않는 특성이나 일본 사람 특유의 생활 감정, 사고방식 등에 대해서 상당한 것을 발견하게 되었다.

국제화된 앞으로의 사회에서는 '이학'이 대단히 중요한 의미를 가질 것이다.

넓은 시야, 다양한 생각

　미국으로 유학 가서 좋았다고 생각하는 것은 많이 있다. 그중에서 현재까지 도움이 되고 있는, 제일 유익한 것을 말하고자 한다. 먼저 일본 교육과 미국 교육의 기본적인 차이에 대하여 언급해둘 필요가 있을 것 같다.

　예를 들어 국민학교와 중고등학교 교육을 비교해보면, 대략적인 표현이지만 일본의 교육이 평균성이나 일률성을 중시하는 데 반하여, 미국은 다양성을 중시한다.

　문제는 이 '다양성'의 뜻인데, 하나는 지역에 따라서 다른 교육을 하는 지역성을 중시하는 사고방식이다. 예컨대 일본 북쪽 홋카이도의 학교 교육과 남쪽 규슈의 학교 교육이 다른 것은 당연하며, 오히려 그렇게 하지 않으면 좋은 교육을 할 수 없다는 사고방식이다.

그렇게 해야 할 이유는 여러 가지가 있겠지만, 미국의 경우는 학교를 운영하기 위한 예산의 90퍼센트가 그 지방의 부동산 세금에서 나오기 때문이다. 그러므로 그 지방 사람들의 발언이 교육에 많이 반영되는 것이 당연하며 따라서 교육의 지역 차이가 나타나게 된다. 실제 교과 과정을 짜는 데 큰 권한을 갖고 있는 사람은 그 지방 사람에 의해서 선출된 교육위원장이며, 교장은 그 교육위원장의 교육 정책에 따라야 한다.

미국 학교 교육이 중시하는 다양성의 또 다른 측면은 학생의 개성을 될 수 있는 대로 키우려고 하는 성향이다.

인간은 태어나면서부터 각자 다른 개성을 갖고 있다. 아기마다 생김새도 다르고 몸무게도 다르다. 손발을 움직이는 방법도 다르다. 겉으로 보이는 부분뿐 아니라 눈에 보이지 않는, 예컨대 성격이나 재능이나 소질도 사람마다 다르다. 그 차이가 개성의 출발점이다. 그 개성을 존중하려고 하는 것이 미국의 교육이다

그 구체적인 방법으로 한 반의 학생 수를 가능한 한 적게 하는 점(한 반에 30명인 경우가 제일 많다), 교사 한 사람과 장차 교사가 되려고 하는 조교 이렇게 둘이서 교육을 담당하고 있는 점, 또 진도에 따라서 학생을 몇 개의 그룹으로 나누어 그룹마다 각각 다른 책상에서 공부시키면서

질문이 있으면 교사 또는 조교가 대답하는 방식을 취하는 점(교실에 따라서는 일본과 같이 책상을 나란히 놓고 가르치는 데도 있다) 등이 있으며, 이 같은 점들에서 개성 존중의 특성이 나타난다고 볼 수 있다.

대학 입학 제도에서도 그 특성이 나타난다. 월반 제도가 그 하나이다. 월반이라는 것은 성적이 우수한 학생을 선발하여 학년을 뛰어넘어 진급시키는 제도를 말한다. 예컨대 대학에는 '여름 학기'라는 것이 있어서 고등학교 학생이 여름 방학 때 여름 학기에 다녀 학점을 취득하면 고등학교 1학년이라도 나머지 2년을 뛰어넘어서 바로 대학에 입학할 수 있다. 또 입학하여 '어드밴스 스탠딩 advance standing'이라는 시험에서 좋은 성적을 얻으면 입학과 동시에 2학년에 진급할 수도 있다. 이렇게 되니까 15, 16세에 대학에 입학하고 약관의 나이로 박사학위를 취득하는 수재도 이따금 나타난다. 실제 내 제자 중에는 20세에 박사학위를 받은 학생도 있다.

이와 같은 개성 존중의 기풍이 미국 특유의 실용주의와 결합하여 일본의 교육으로서는 생각할 수 없는 다양한 교과 과정을 만들고 있다. 수학 교과서를 예로 들면 이과계 학문을 좋아하고 그 분야에 나가기를 원하는 학생을 위해서는 일본같이 '대수', '기하', '해석'과 같은 교과서가 준비되어 있다. 그러나 그러한 어려운 교과서만이 아니라 장래 목공이 되고 싶은 학생을 위해서는 '목공을 위한 수학'과 같은 교과서가 있고, 농업을 지망하는 학생에게는 '농업 종사자를 위한 수학'이라는 교과서도 있다. 실제로 넓은 농토가 있는 중부 지방 학교에서는 그러한 수학 교과서가 많이 쓰이고 있다.

그런데 일반적으로 고등학교에서 제일 많이 쓰이는 수학 교과서는 '소비자를 위한 수학'이다. 왜냐하면 현대 사회에서는 생산자도 필연적으로 소비자가 되므로 물건을 살 때 실제 도움이 되는 수학을 많은 학생이 배우려고 하기 때문이다.

이와 같이 다양화된 미국의 교육 방식에는 일장일단이 있다고 생각한다. 단점 하나를 들자면 학생의 능력에 따라서 가르치는 방법은 능력이 있는 학생을 키우는 반면, 그렇지 못한 학생을 평균 수준까지 끌어올리는 힘이 약하다는 점이다. 미국 젊은이들의 평균 성적이 일본 젊은이들에 비해 낮은 것은 그 때문이다.

또 월반 제도가 나쁘게 작용한 예도 있다. 진급을 너무 서둘렀기 때문에 오히려 나중에 성장하지 못하는 경우, 치열한 경쟁에 휘말려 거기에서 떨어져서 자신감을 잃은 경우 등을 들 수 있으며, 그 결과 심한 경우에는 스스로 죽음을 택한 학생도 결코 적지 않다. 실제 나의 제자 중에도 젊은 나이에 스스로 목숨을 끊은 학생이 있다. 이런 불행한 사건을 접할 때마다 미국은 좀 더 개개인의 격차를 줄이는 교육을 해야 된다고 생각한다.

미국 교육의 단점은 그렇다 치더라도, 그러한 교육 환경에서 자란 사람은 자연히 하나의 현상을 다양한 관점에서 보는 습관을 무의식중에 몸에 지니게 된다. 물론 미국 사람 모두가 그렇다는 것은 아니다. 반대로 일본 사람은 모두 하나의 현상을 획일적으로 본다고 비난하는 사고방식도 위험하다.

어쨌든 다양한 관점을 가진 사람은 남이 생각하지도 못했던 것을 창조할, 즉 눈부신 비약을 해낼 가능성을 많이 갖고 있다. 새로운 것을 창시하는 사람이 미국에서 많이 배출되는 것이 교육 때문이 아닌가 하는 생각을 미국생활을 통해 갖게 되었다.

수학의 세계에서도 마찬가지다. 수학에서 상상도 못했던 새로운 것을 창조한 미국 수학자를 많이 보았다. 모두가 상아탑에 틀어박혀 수학만을 생각하고 있었더라면 결코 이루어지지 않았으리라고 생각되는 것뿐이다. 이같은 창조는 수학이라는 자연과학의 한 분야를 넓은 시야로, 다양성을 갖고 보았기 때문에 가능했던 것이다.

예를 들어, 미국의 수학자이자 전 MIT 교수 클로드 섀넌Claude Shannon의 경우를 보자. 그는 우리가 매일 보고 듣는 정보에 수학을 도입하여 수학에 의한 정보 이론을 만들었다.

섀넌 교수가 그러한 정보 이론을 창시한 배경에는 제2차 세계대전 중에 암호를 푸는 일에 종사하여 암호 풀이에 수학적 방법이 있음을 알아낸 경험이 있었기 때문이라고 한다. 그러나 똑같은 체험을 했더라도 수학을 다른 분야와 연관시켜 보는 눈이 없었다면 이 이론은 도저히 생기지 않았을 것이다.

섀넌 교수의 정보 이론으로부터 다른 수학자들에 의하여 가치 있는 여러 응용 이론이 개발되었다. 그러나 그러한 응용이 줄이어 발표되기 시작할 무렵 섀넌 교수 자신은 이번에는 '주株'에 관한 수학 이론을 만들고 있었다.

또 어느 대학의 수학 교수가 수학을 시작한 것도 일본에서는 생각하지도 못할 일이었다. 인간으로 태어난 이상 억만장자가 되고 싶다는 꿈을 꾸어온 그는 실제로 수학이라는 학문을 충분히 활용해 마침내 억만장자가 되었다. 그 교수는 젊고 유능한 수학자를 많이 키워서 컴퓨터 관련 회사를 위한 컨설턴트 회사를 차림으로써 그 목표를 달성한 것이다. 다양성에서 비롯된 그 발상에 같은 수학자로서 감탄하지 않을 수가 없다.

이와 같이 상상도 못 하는 일을 해내는 미국 수학자들과 직접 또는 간접적으로 접하는 과정에서 수학뿐만 아니라 학문 그 자체에 대한 내 생각은 완전히 바뀌었다. 이것이 미국에 유학하고, 그 나라에서 직장을 가짐으로써 얻은 가장 유익한 경험이라고 하겠다.

학자는 자기 학문만을 연구하면 안 된다. 자기 학문을 중심으로 하여 다른 학문이나 경제 정세나 사회 현상 등과 관련시키는 다양성에 입각하여 새로운 것을 창조해 나가는 의지를 가져야 한다.

현대 사회는 바로 그 다양한 길로 나가려 하고 있다. 하나의 명제(국가 목표)가 있어서 그것만 지키고 있으면 된다거나, 오직 그것을 향하여 노력하면 된다는 논리가 통하던 과거의 단순한 시대와는 다르다.

나는 21세기를 맡을 젊은이들이 그러한 넓은 시야를 가지고 학문을 하기를 원한다. 우선 인간은 각자 개성을 가지며 다양한 가능성을 보유하고 있다는 것을 인식하고 학구적인 시야로 학문을 전개해주기를 기대한다. 그것이 바로 한 사람 한 사람의 '학문의 발견'으로 통한다고 생각하기 때문이다.

수리 과학자 육성 사업

나는 나 자신에게 물어본다. 21세기를 맡을 젊은이들에게 이러면 좋겠다, 저러면 좋겠다고 희망만을 이야기하는 것이 과연 괜찮은 것인지, 반세기에 걸친 나의 인생 경험에서 얻은 지혜나 지식을 사회에 환원해야 되는 것은 아닌지 하고. 나는 그러한 충동 때문에 일련의 인재 육성 사업을 시작했는데, 여기서는 그 배경이 되는 나의 생각을 중점적으로 말하고자 한다.

나는 현재 미국에서는 하버드대학교, 일본에서는 교토대학교에서 강의를 하느라 일본과 미국을 왔다 갔다 하며 생활하고 있다. 그 덕분에 미국이라는 나라가 지금 일본에 대해서 어떤 자세를 취하고 있는지 조금이나마 알 수 있다.

미국은 지금, 한마디로 말해서 메이지유신 이후 서구의 문명을 수입하여 그것을 모방하기만 해온 것같이 보이는 일본이라는 나라를 다시 돌아보고, 그 나라에서 자기 나라의 정치, 경제, 문화, 사회에 유익하고 가치 있는 것을 열심히 배우려고 하고 있다.

그러한 생각이 급속히 퍼진 것은 무엇보다도 일본의 놀라운 경제성장이 가장 큰 요인이 되었다. 자원이 빈약한 이 작은 섬나라가 어떻게 패전 후 그렇게 급속히 성장할 수 있었는가? 또 어떻게 오일 쇼크와 인플레이션에도 불구하고 그것을 극복하고 경제 선진국 중에서도 발군의 경제력을 비축할 수가 있었는가? 그것이 미국으로서는 경이이며 큰 의문인 것이다. 미국은 일본 경제의 이와 같은 성공의 비밀을 알아내려고 모든 방면에서 관심을 갖고 일본을 지켜보고 있다.

최근 미국에서 일본 관료 기구의 특성이나 재계 또는 기업의 구조 등을 주제로 한 책이 한창 출판되고 있는 것도 그 때문이다. 그러한 책 중에서도 실제 일본의 정계와 재계의 사람을 직접 만나 일본 경제력의 실체를 냉철한 눈으로 보고 '일본으로부터 무엇을 배울 것인가'라는 관점에서 서술하여 베스트셀러가 된 에즈라 보겔Ezra F. Vogel(하버드대학교 동아시아 연구소 소장)의 《Japan as number one》은 주목할 만한 책이다. 보겔은 책을 썼을 뿐만 아니라 미국 각지에서 적극적인 강연 활동을 하면서 일본을 다시 보고 일본으로부터 배워야 한다고 강조하고 있다.

일본의 기업 시스템이 이런 식으로 재평가받고 있는 것은 일본 사람으로서는 대단히 기분이 좋은 이야기이다. 그러나 이와 같은 조직의 구조라든가 시스템만이 일본 경제 성공의 전부는 아니다. 미국 사람들도 그것을 알기 시작했다.

예를 들어 일본 기업은 종신 고용제를 성공적으로 운용하고 있지만, 이것을 모방하여 실제로 종신 고용제를 채택한 텍사스주의 한 회사가 오히려 그것 때문에 경영이 나빠진 경우도 있다. 그래서 시스템뿐만 아니라 시스템 속에서 일하는 일본 사람들 특유의 국민성에 눈을 돌리지 않을 수 없게 되었다.

이것은 내가 아는 사람이 근무하는 오사카에 있는 한 회사의 이야기지만 좋은 예가 되기 때문에 여기에 소개한다.

그 회사의 공장에서는 무슨 이유에서인지 사고가 끊이지 않았다. 사고가 난다는 것은 회사로서는 중요한 문제이므로 모든 수단을 동원해서 안전 대책을 강구했지만 사고는 여전했다. 예컨대 한 공장의 노동자가 다리에서 떨어지는 사고가 일어났기 때문에 거기에 손잡이를 설치했다. 그랬더니 손잡이가 있다고 안심하고 몸을 내밀고 일을 하던 사람이 또 떨어지는 사고가 났다. 이번에는 손잡이 밑으로 안전망을 설치했다. 그랬더니 안전망을 믿고 손잡이에 매달려서 안전망의 끝까지 갔다가 결국 사람이 또 떨어지는 식으로 아무리 합리적인 대책을 세워도 사고는 끊이지 않았다.

그런데 그 사장이 공장 대지를 조사해보니 예전에 거기에 이나리稻荷(일본의 농사, 곡식, 풍요 등을 관장하는 신으로, 일본 3대 재벌 중 하나인 미쓰비시가 수호신으로 삼고 있다―옮긴이) 사당이 있었던 것이 밝혀졌다. 즉 지금까지 사고가 끊이지 않았던 것은 공장을 짓기 위해 파괴한 이나리의 저주 때문이라는 것이다. 그래서 사장은 그 사당을 복원하고 직원 모두를 동원해서 안전을 기원하는 제사를 성대하게 치렀다. 실제로 제사를 지낸 후 사고는 완전히 없어졌다고 한다.

이 이야기를 보는 관점은 사람에 따라서 천차만별이겠지만, 나는 여기에 일본 사람 특유의 불가사의한 일면이 잘 나타나 있다고 본다.

미국은 일본 사람의 이러한 신비성을 지금 열심히 알아보려고 하고 있다. 일본 위정자의 내면을 묘사한 《장군》이란 책이라든가, 일본적 구도자求道者를 다룬 《미야모토 무사시》의 영어 번역판이 비즈니스맨 사이에 폭발적인 인기를 얻고 있는 것은 미국이 얼마나 일본 사람의 정신적인 면에 깊은 관심을 갖고 있는가를 보여주는 좋은 사례이다.

가부키歌舞伎(음악과 무용 및 연기의 요소가 포함된 에도 시대에 발달한 일본의 전통극—옮긴이) 등의 일본 전통 예능, 다도茶道나 화도花道 같은 전통 예술이나 무도武道, 또 일본 건축 양식 등이 미국에 흡수되는 현상도 그것과 무관하지 않을 것이다.

미국은 이렇게 일본을 배우려고 하고 있다. 그러면 일본은 어떠한가? 먼저 "과연 일본이 미국이라는 나라에 배울 만한 것이 지금 존재하느냐?"라는 것이 여기서 문제가 될 것이다. 미국의 슈퍼마켓을 시찰한 일본 사람이 "여러 회사를 돌아보았지만 미국 회사는 어수룩하다. 아무것도 배울 게 없다"라고 하는 말을 들은 적이 있다. 아마 그 사람은 관광을 하듯이 미국 기업 사회의 겉모양만 훑어보고 온 듯하다.

결론을 먼저 말하면 나는 이와 같은 시각이나 사고방식에는 반대이다. 일본은 확실히 경제적으로 미국과 어깨를 겨룰 정도로 성장했는지 모른다. 그러나 곧 다가올

21세기라는 국제화 시대를 생각할 때, 지금 미국으로부터 배워두지 않으면 엄청난 위기에 빠지게 될지도 모른다.

미국 회사가 지금 몇 가지 약점을 가지고 있는 것은 사실이다. 전문가가 아니므로 그것을 분석할 수는 없지만 미국에서 오래 생활했기 때문에 어느 정도 그것이 눈에 보인다.

첫 번째 약점은 우수한 인재가 공업보다 서비스업에 많이 흡수되어 있다는 것이다. 그리고 구성 면에서도 GNP의 60퍼센트가 서비스산업에 의한 것이며, 노동력의 75퍼센트가 어떤 형태로든 서비스업에 연관되어 있다. 이렇게 되면 공업의 선행 투자가 줄어들어 그 결과 공업력의 성장이 약화됨은 필연적이며, 실제 미국은 지금 재공업화를 심각하게 꾀하고 있다.

두 번째 약점은 인종 문제, 특히 인구의 12퍼센트 정도를 차지하는 흑인 문제, 더 나아가 여성 고용 문제에 많은 기업이 정면으로 부딪치지 않으면 안 될 상황에 처해 있다는 점이다. 왜냐하면 차별 회사라고 지적당하면 정부로부터 엄한 경고를 받기 때문이다.

세 번째 약점은 미국 기업 사회에서는 인재가 계속 유동하는 경향이 있기 때문에 장기적인 계획성이 결여되어 있다는 점이다.

예컨대 어떤 회사의 사장을 5년 계약으로 맡은 사람은 그 5년이라는 단기간에 뚜렷한 업적을 올리지 않으면 사직해야 하는 것이 미국 기업의 상식인데, 이러한 단기 결전주의로는 한 기업의 장래를 긴 안목으로 전망할 수 없다는 단점이 있다.

그 밖에도 많겠지만 우선 이 세 가지를 도마에 올려놓고 보면 이 모든 약점도 관점만 바꾸면 장점이 될 수 있다고 생각된다.

먼저 첫 번째 약점의 경우 만일 추진되고 있는 재공업화가 성공하고 공업력이 높아지면 서비스 산업 부문에 유능한 인재가 많이 몰려 있는 것이 국제 관계상 미국의 강점이 된다. 그렇게 되면 일본은 필연적으로 시련에 부딪히게 될 것이다.

두 번째의 인종 및 여성 고용 문제는 미국의 기업 사회가 당면한 제일 심각한 문제인지도 모른다. 특히 흑인 문제는 우리가 상상하는 이상으로 뿌리 깊고, 교육 등 여러 요소가 복잡하게 얽혀서 정부가 해결하려고 하면 할수록 오히려 문제가 더욱 복잡해지는 인상을 준다. 또 흑인을 고용함으로써 생산성이 떨어진 예가 적지 않은 것도 사실이다.

그러나 미국 정부는 여전히 해결을 위한 노력을 게을

리 하지 않는다. 그것은 300년에 걸친 흑인 차별의 역사를 하루아침에 바꿀 수 없다고 생각하기 때문이다. 정부는 자손 3대를 통해서라도 현상을 개선하려고 하는 장기적인 자세를 가지고 있으며, 21세기에는 우수한 흑인 인재를 발굴하려고 생각하고 있다. 또한 여성을 고용함으로써 당장은 다소 생산성이 감소되겠지만, 여성들의 일에 대한 책임감으로 볼 때 장차 상상도 할 수 없었던 재능이 발휘될지도 모른다고 보고 있다.

이러한 인재 발굴이 미국 정부의 생각대로 성공한다면 21세기 초반 일본은 크게 후회하게 될 것이다. 특히 스포츠에서 알 수 있듯이 흑인은 대단한 힘을 가지고 있다. 그 힘이 생산성에 돌려지게 되면 일본도 그리 여유를 부릴 수만은 없을 것이다.

세 번째 약점인 기업에 장기성이 없다는 것에 관해서도 같은 말을 할 수 있다. 기업에 장기성이 없으면 정부가 장기성을 갖게 된다. 실제 미국은 장기적이고 국제적인 전략을 세우고 있다. 일본이 그에 대항할 만한 것을 가지고 있느냐 하면 반드시 그렇지만은 않은 것 같다.

이렇게 생각하면 일본도 멍청하게 지낼 수만은 없을 것이다. 전후 30여 년이 지나서 "경제에서는 미국을 따라잡았다. 지금부터는 추월할 시대이며 미국에서 배울 것은 아무것도 없다"는 따위의 말을 하고 있을 수만은 없을 것이다.

미국은 소위 연구 인재를 수입하는 나라인 데 비해 일본은 연구 성과를 수입하는 나라이다. 미국은 외국에서 무언가 새로운 연구, 장래성 있는 연구를 하고 있는 사람이 있으면 그 인재를 데려가는 방식을 쓰고 있다.

그런 뜻에서 미국이 지금 일본에서 배우려고 하고 있기 때문에 인재 수입주의가 상식인 미국에 일본 사람이 들어가기 쉬운 여건이 마련되고 있는 셈이다. 일본 사람이 이 사실을 유용하게 이용하여 미국에 가서 미국 사회 속에서 배우면서 생활하여, 일본의 좋은 점을 가르치고 거꾸로 미국의 입장을 익히고 돌아와야 한다. 그렇게 서로 공헌하는 시대가 앞으로 일본에도 찾아와야 할 것이다.

미국 특유의 공동 연구를 위한 팀 편성을, 실제로 그 속에 뛰어들어 경험으로 몸에 익히는 것도 그 예가 될 수 있다. 미국은 국적을 막론하고 여러 나라에서 인재를 수입하는 나라이다. 이 사실이 팀 편성에 반영되고, 거기서 뜻밖의 성과를 얻는 경우가 많다.

일본적인 방식은 우선 사람을 모아서 팀을 만들어 그 구성원들을 신토나이즈syntonize시킨다. 신토나이즈란 톤을 같게 한다, 즉 동조, 협조의 분위기를 만든다는 뜻이다. 그리고 구성원들을 싱크로나이즈synchronize시킨다. 따라서 전원 통일된 활동을 할 수 있게 되는 것이다.

이에 비하여 미국은 외부에서 여러 인재를 데려왔기 때문에, 더군다나 각 개인들은 우수하고 개성이 강하기 때문에 대단히 다루기 힘들다. 더 나아가 나라가 다르면 습관도 다르고 생활 감정도 다르기 때문에 그러한 사람들을 모아서 팀을 만들 경우 실제로 일치하는 것이 거의 불가능하다. 잘못 일치시키면 일부러 모은 각자의 능력을 충분히 발휘하지 못하게 된다.

그래서 최근에는 자주 케미컬라이즈chemicalize라는 말이 쓰이게 되었다. 그 배경은 이렇다. 이질적인 것을 모으면 당연히 충돌이 생기고 대립도 일어날 것이다. 그러나 오히려 그것이 활기가 있다. 따라서 서로 개성을 부딪침으로써 화학 반응을 일으키게 하자는 생각이다.

화학 반응이라는 것은 산소와 수소가 결합하여 물이 생기듯이, 이질적인 것들이 모여서 어느 쪽에도 속하지 않는 것을 탄생시키는 현상이다. 이와 같이 화학 반응의 성과를 추구하는 팀을 만드는 것은, 상상 이상의 것을 만들어내야 하는 상황에 와 있는 오늘날 일본이 미국이라는 나라에서 체험을 통해 배워야 할 것 중의 하나라고 생각한다.

이미 말했듯이 앞으로는 일본과 미국이 적극적으로 교류해 서로 장점을 배우고 또 공헌할 시대가 되리라고 생각한다. 아직 작은 시도에 불과하나, 나는 그것을 위하여 교육에서 하나의 프로그램을 만들려고 하고 있다. '수리과학자 육성 사업'이 그 하나이다. 이것은 수리과학數理科學에 소질이 있는 학생이나 젊은 연구자를 해외로 유학시켜서 우수한 인재로 육성하는 것을 목적으로 1980년부터 실시하고 있다.

왜 그러한 일을 시작했는가? 확실히 전보다는 유학의 필요성을 인정하는 사람이 적어지고 있다. 과거에는 외국으로 나가야만 배울 수 있었던 것들이 지금은 일본에서도 쉽게 배울 수 있기 때문일 것이다. 그래도 나는 유학을 해야 한다고 믿는다.

미국 교육은 전에 말한 바와 같이 적잖은 문제점을 안고 있다. 그러나 또한 미국이라는 나라에는 초일류의 인재를 만드는 데 적합한 요소도 있다. 그러한 장점을 다소나마 받아들여서 초일류의 사람이 몇 퍼센트라도 자랄 수 있는 환경을 만드는 것이 나의 꿈이다.

그 꿈은 실현되지 못할지도 모른다. 그러나 실현될 가능성이 전혀 없다고도 말할 수 없다. 나는 그 몇 퍼센트의 가능성을 믿고 적어도 앞으로 10년 정도는 수학 분야에서 한 지류支流를 만드는 데 바치고 싶다. 어차피 사람의 일생은 어떤 면에서는 서로 도움을 주고받는 원리로 이루어지고 있다.

일본은 교육 입국이라는 말을 자주 듣는다. 확실히 전후 일본의 교육 수준이 상당히 향상된 것은 틀림없는 사실이다. 그러나 문부과학성이 중심이 되어 학습지도 요령이나 검정檢定으로 교과서의 내용이 제약·통일되는 등 일본 학교 교육의 일반적인 교육 방식에는 큰 차이가 없다. 더 나아가 일반적인 국민 감정으로서 소위 교육의 기회 평등주의, 즉 "차별을 없애자, 학교 격차를 없애자, 그것이 공평하다"라는 사고방식이 서양에 비하여 강하다. 그것이 교육 수준을 높인 원인이기도 하겠지만, 한편에서는 성적의 우열로 인간의 평가가 결정되어버리는 폐단을 만들어내고 있는 것이 아닐까?

중학교 동창생 중에 식당을 경영하고, 연쇄점을 운영하는 등 비즈니스에서 대단히 성공한 친구가 있다. 그와 둘이서 은사를 찾아갔을 때 은사가 그에게 "히로나카는 수학을 잘했지만, 자네는 수학을 잘 못했지. 더하기는 괜찮았는데 빼기를 자주 틀렸어. 그런 자네가 장사의 천재가 되다니!"라며 감탄하셨다. 그때 그의 대답이 걸작이었다. 즉 "저는 돈을 벌기만 하기 때문에 더하기만 하고 빼기는 전혀 안 씁니다"라고 대답한 것이다.

장사에 성공하는 것도 하나의 재능이다. 나 같은 경우가 있는가 하면 그와 같은 재능도 있다. 사람의 재능이란 어느 쪽이 위다 아래다라고 말할 수는 없다. 각자의 개성이나 재능을 잘 키우는 것이 다양하게 사는 방식이다.

잠자는 가능성을 깨우자

"서양 문명의 몰락은 죽은 사람을 장식하기 시작했을 때부터 시작했다"라고 말한 사람이 있다. 그는 큰 절의 스님이면서 대학에서 철학을 가르친다. 이 말은 아이들에게 부모나 조부모의 임종을 보여주지 않고, 꽃으로 장식한 관에 시신을 안치하고서 비로소 보여주는 관습이 생기고 나서부터 서양 문명이 계속 쇠퇴하기 시작했다는 뜻이다.

가족의 죽음을 직면한다는 것은 확실히 아이들에게는 일시적으로나마 대단한 충격인지도 모른다. 그러나 실은 그것이 인간의 욕망을 자각하는 데 큰 힘이 된다고 나는 생각한다.

나는 전쟁 중 학도 동원으로 야마구치현 히카리시에

있는 해군 공창工廠(군수품을 제조하던 공장)의 탄환을 만드는 공장에서 일을 했었다. 당시 중학생이었던 나는 거기서 공습을 당했을 때를 대비한 훈련을 가끔 받았는데, 동급생인 친구와 나는 뛰기 싫어서 늘 숨어서 훈련을 안 받고 게으름을 피웠다.

그런데 어느 날 갑자기 진짜 공습을 받았다. 굉장한 폭음이 들리면서 소나기 같은 폭탄이 쏟아졌다. 평소 훈련을 안 받고 놀던 우리는 "도망쳐라!"는 말을 듣지도 않았는데 필사적으로 방공호를 향해 뛰었다. 나는 뛰는 도중 수많은 시체를 뛰어넘었다. 본능적으로 얼른 머리를 숨겼을 그들 시체 대부분은 엉덩이에 폭탄을 맞아서 비참한 모습을 드러내고 있었다.

죽음이 없으면 삶이 존재하지 않는다. 죽음이 있기 때문에 비로소 삶이 존재한다. 그 철학자가 말했듯이 장식된 관만을 보게 되는 서양의 아이들은 확실히 삶과 그 뒷면에 존재하는 죽음을 모르기 때문에 삶의 가치를 인식할 기회를 빼앗겼다고 말할 수 있다.

살아 있다는 것은 그 자체가 대단한 것이다. 그 값진 삶을 보다 멋지게 사는 것은 살아 있는 사람의 특권이다. 그 특권을 포기하는 것은 어떤 뜻에서는 죽은 사람에 대한 모독이라고 말할 수 있지 않을까?

나는 이 책에서 보다 멋지게 살기 위해서 어떻게 하면 좋은가를 나의 보잘것없는 체험을 통하여 모색해왔다. 앞으로 다가올 시대에 보다 멋진 인생을 살기 위하여 무엇이 중요한지에 대한 나의 생각을 씀으로써 이 책을 끝내고자 한다.

현재 일본의 시대상을 표현하는 데 '다이내믹dynamic'이라는 말보다 더 적절한 것은 없다. '다이내믹'이란 '동적'이라는 뜻으로 이해되는데, 나는 거기에 '대단히'라는 부사를 붙이고 싶다.

격렬한 다이내미즘을 내포한 지금과 같은 시대는 과거의 일본에도 있었다. 예를 들면 에도 시대 말기이다. 그러나 에도 시대 말기의 격심한 변동과 현 일본의 그것과 비교할 때 전자는 두 개 또는 세 개의 명확한 입장이 각각 장기적인 목표를 가지고 서로 부딪친 결과 생긴 격동기이다. 이에 반해 지금 일본은 다양한 가치관이 서로 충돌하면서 복잡한 변동을 이루고 있음을 알 수 있다.

수학에는 '고전 해석학'이라는 분야가 있다. 이 분야의 기본 이념은 원리와 출발점에서의 조건만 밝혀지면 미래를 예측할 수 있다는 것이다. 이 고전 해석학적 방법은 에도 시대 말기의 격변에는 통용되었는지 모르지만 현재 일본에는 적용할 수 없다.

따라서 불과 10년 후에 맞이하게 될 21세기의 일본이 어떻게 될 것인가는 현재의 변동이 앞을 내다보기 힘든 변동이기 때문에 쉽게 예측할 수 없다. 다만 이 특이한 다이내미즘에 계속 박차가 가해져 변동이 보다 커지고, 빨라지고, 복잡해져서 개개인의 가치관이 지금보다 더 다양화될 것이라는 것만 말할 수 있을 뿐이다.

젊은 사람은 물론 나도 그러한 21세기에 돌입하여 그 속에서 살아가야 한다. 그러면 우리는 어떻게 해야 이와 같은 격동의 시대에 대처할 수 있는가?

우리에게 앞으로 가장 많이 요구되는 것은 자기 자신의 판단력(다양한 인생을 살아가는 선택의 지혜)과 생각하는 힘이라고 생각한다. 원리나 원칙에 맹목적으로 집착하고 있어서는 다양성이나 변동에 대처할 수 없다. 변동과 다양성에 대처하기 위한 교과서는 존재하지 않는다. 다만 자기 자신이 소심素心으로 돌아가고, 깊이 생각하고, 그 결과 제일 현명한 선택을 하는 것만이 우리에게 남겨진 유일한 방법이라고 생각한다.

이렇게 말하면 지금이 마치 험난한 시대같이 들리지만 나는 오히려 좋은 시대라고 생각한다. 변동하고 다양화되는 시대야말로 개인이 자기의 가능성을 발휘하기 좋은 시대이기 때문이다.

십인십색十人十色이라고 말하듯이 사람은 태어났을 때 이미 한 사람 한 사람이 모두 다르다. 외모뿐만 아니라 성격이나 자질 같은 눈에 안 보이는 부분도 모두 다르다. 따라서 사람 각자의 가능성은 당연히 다종다양해야 할 것이다.

그런데 사람들은 가끔 이 다양성을 보지 않으려 한다. 왜 그럴까? 그 이유는 안주하고 싶고, 고민하고 싶지 않기 때문일 것이다. 예컨대 일류 대학에 들어가 일류 기업에 취직하는 소위 엘리트 코스에 들어가면 고민할 것도 없고 불안에 쫓길 것도 없다고 생각한다. 다양성에 대하여 눈을 감고 싶어 하는 것이다.

변동은 위는 위, 아래는 아래라고 하는 정해진 진행을 바꾸므로 이제 더 이상 다양성에 대하여 눈을 감을 수 없게 되었다. 자기 자신의 가능성을 열심히 찾아서 독자적인 인생의 보람을 창조하지 않으면 안 되는 것이다.

사회도 또한 그것을 모든 사람에게 요구하지 않으면 안 되게 될 것이다. 독자적인 인생의 보람을 창조하지 못함으로써 변동에 방치되고, 다양화에서 낙오되고 절망하게 되는 사람의 비중이 커지면, 사회는 엄청난 혼란에 빠지고 잘못하면 전복되기 때문이다.

자기 나름대로 보람을 창조하기 위하여 자기 자신 속

에 잠자는 가능성을 찾아내야만 한다. 아무리 어렵고 고생이 뒤따른다 할지라도 시대를 살아나가기 위해서는 그것이 필요하다.

이 책에서 나의 체험을 소개하면서 말한 것들이 21세기를 무대로 활약할 독자들의 인생에 어떤 형태로든 도움이 된다면 나로서는 분수를 넘어서 자기 과거를 돌이켜본 가치가 있을 것이다.

추천의 말

히로나카, 배움으로 일관한 그의 삶

_오자와 세이지(지휘자)

나는 1959년에 음악 공부를 하기 위해 파리에 유학했다. 그곳에서 어학 실력이 모자라 외국인에게 프랑스어를 가르치는 알리앙스 프랑세즈라는 학교에 입학했다. 거기서 히로나카를 처음 만났다. 나는 초급반, 히로나카는 중급이나 상급반이었던 것으로 기억한다.

당시 알리앙스 프랑세즈에 다니는 외국인이라고 하면 독일 사람, 영국 사람, 또는 돈 벌러 온 스페인 사람, 포르투갈 사람, 이탈리아 사람 등이 대부분으로 일본 사람은 극히 적었다. 그런 속에서 히로나카를 만났을 때 사막에서 오아시스를 만난 것같이 기뻤다. 그래서 그에게 곧 말을 걸었다.

지금 생각하니, 그때 이미 그는 수학에서 실력을 인정받고 프랑스 연구소에 와 있으면서, 틈틈이 프랑스어를 배우고 있는 것이었다.

하여간 거기서 우리 두 사람의 교제가 시작되었다. 그

때의 히로나카에 대해 받은 인상은 대단히 따뜻한 마음을 가진 사람, 또 음악을 사랑하는 사람이라는 것이었다.

그리고 이야기하는 데 특징이 있었다. 그는 상대방인 내가 잘 알아듣도록 속도를 늦춰서 말하고 이해한 것을 확인하고 나서 천천히 음미하듯이 이야기를 하는 스타일이었다. 성격이 급한 나로서는 템포가 느린 이러한 대화 스타일이 답답한 경우가 많았다. 그러나 이국땅에서 서로 이야기할 수 있는 유일한 상대라는 점에서 우리 둘은 금방 친해졌다.

그 후 내가 처음으로 파리에서 미국으로 건너갔을 때 그는 보스턴 공항에 마중 나와주었다. 그로서는 나를 환영하는 뜻으로 승용차를 가져왔는데 그 차는 상당한 고물이었다. 차를 타고 출발하려고 하는데 시동도 걸리지 않는 것이었다. 오래 된 차라서 성능이 나쁘기 때문일 것이라고, 열심히 변명하면서 계속 시도해보았지만 역시 시동이 안 걸렸다. 할 수 없이 뒤에 있던 택시 기사에게 물어서 그대로 했는데도 마찬가지였다. 그래서 그 운전사가 직접 시동을 걸게 되었는데 차에 올라타자마자 그가 "아이쿠, 열쇠가 안 꽂혀 있네"라고 말하는 것이었다.

지금은 차의 열쇠가 점화 장치와 스타터가 하나로 되어 있지만, 당시의 차는 따로 되어 있는 것이 많았다. 히로나카의 차도 그런 종류여서 점화 장치의 열쇠밖에 꽂혀 있지 않았던 것이다. 그것을 발견한 운전사는 너털웃음을 짓고, 나는 말도 못 하고, 히로나카는 자기 자신을 한심하게 생각한 에피소드가 있었다. 이것이 내가 미국에 도착했을 때에 겪은 첫 번째 사건이었다.

그날 밤은 그의 집에서 묵었는데, 그의 약혼자(지금의 부인)가 마련한 요리를 먹고 캔 맥주를 마시면서 밤새도록 이야기한 기억이 난다.

나는 히로나카가 뛰어난 수학자라는 것은 알고 있었지만, 그의 수학적 업적에 대해서는 몰랐다. 대단히 훌륭한 상을 받았다는 사실도 어떤 신문기자에게 듣고서야 알았을 정도이다. 물론 나하고 수학적인 이야기를 해보아야 통하지도 않았겠지만……

반면에 그는 내가 보스턴 심포니에서 지휘할 때나 콘서트를 할 때 항상 달려와서 경청해주었다. 나는 다행스럽게도 음악가 이외에도 많은 사람을 사귀고 있는데 히로나카의 경우도 마찬가지였다.

전혀 분야가 다른데도 불구하고 그하고는 처음부터 음악 이야기를 많이 했다. 그와 음악 이야기를 하는 것은 즐거웠지만, 어떻게 이 사람은 이토록 음악을 사랑하고 존경하며, 이렇게 많은 지식을 갖고 있는가 하고 늘 의문을 갖고 있었다. 이 책을 읽고서야 그 의문이 풀렸다.

그는 학창 시절에 피아니스트가 되려고 자기 나름대로 피아노에 몰두했다. 그런데 어느 순간 그의 연주가 혹평을 받자 음악가가 되기를 단념했다. 음악에 쏟았던 정열의 방향을 수학으로 바꾸고 나서 수학자가 되었다고 한다. 그가 피아노를 통해서 음악과 깊이 맺어졌고 더군다나 그것이 거의 자기 방식, 즉 자기의 세계였다는 것이 나에게는 대단히 흥미로웠다.

그리고 그의 아버지가 자전거를 타고 행상을 다니다 건널목에서 사고로 세상을 떠났다는 사실도 알게 되었다. 그가 돌아가신 아버지에 대해서 이야기할 때 항상 깊은 존경심과 사랑을 가지고 이야기하는 인상을 받았는데, 그 사랑의 근거를 알 수 있을 듯하다.

히로나카의 아버지는 종전終戰으로 인해 사업이 망했을 때도 헌옷을 입으면서 행상을 시작하여 살림을 꾸려갔다고 한다. 그의 아버지는 행상이건 무엇이건 자기는 할 수 있다, 노력하면 반드시 대가가 있다는 강한 신념의 소유자였다.

히로나카는 그러한 아버지의 모습을 많이 닮은 것 같다. 그는 언뜻 보기에 선이 가는 것처럼 보이지만 상당히 끈질긴 데가 있다고 나는 늘 생각해왔는데, 그 끈기는 이러한 아버지가 있었고 그가 그것을 배우려는 자세를 가졌기 때문에 가능한 것이었다고 생각한다.

또한 그는 남에게서 배운다. 혹은 일에서 무엇인가 배우려고 하는 정신이나 자세가 그의 인생에서 큰 흐름으로서 뚜렷하게 뿌리를 내리고 있는 것같이 보인다. 아버지에게서 배우고, 친구에게서 배우고, 그리고 어머니에게서 배운다. 어머니는 그의 말에 따르면 "소위 인텔리하고는 거리가 먼 사람"이었다고 한다. 그렇지만 그의 어머니는 답은 몰라도 아이들과 함께 생각해주었다. 생각하는 것의 중요함을 가르쳐준 것이다. 이러한 어머니의 자세도 훌륭하지만 거기서 배울 수 있는 히로나카도 훌륭하다고 생각한다.

나는 파리의 고학생 시절에 만난 후 미국에서 고락을 같이하고 그의 결혼식에도 참석하면서 그의 생활을 지켜보았고 수학자로서의 그는 잘 모르지만 오랫동안 사귀어왔다. 한때 함께 지내던 친구의 한 사람으로서 이 책을 읽어보니 퍽 많은 것을 알게 된 것 같다.

지금도 그의 친구이지만 내가 만일 이 책을 보지 못했다면, 그가 가진 다양한 면들의 극히 일부밖에 모르는 채 지냈을 것이고, 내가 마음속에 품고 있었던 그에 대한 의문점도 해명되지 않은 채 남아 있었을 것이다.

나 자신도 책을 쓴 적이 있지만, 음악가·수학자·화가 따위가 책을 쓰는 것은 의미가 없는 짓이라고 생각하곤 한다. 그런데 이 책을 읽고 수학자인 그가 쓴 이 책으로부터 나는 인생에 대해서 많은 것을 배웠고, 동시에 내 친구 히로나카라는 사람을 더 잘 알게 되었다.

히로나카의 인간성을 잘 나타내고 있는 에피소드가 이 책 속에 나온다. 히로나카는 기하학 문제로 어떤 이론을 발표하여 한 교수에게서 "아름답다"라는 찬사를 받는다. 무척 신이 난 그는 그 문제에 도전했지만 2년이 넘도록 풀 수 없어서 벽에 부딪친다. 그때 선배로부터 어느 젊은 독일 수학자가 그가 연구하고 있는 것과 비슷한 문제를 해결한 것 같다는 전화를 받게 된다. 더군다나 그 학자가 쓴 정리는 그가 이미 몇 년 전부터 알고 있었던 것이라서 이중으로 충격을 받는다.

이러한 일은 어느 분야에서도 있을 수 있지만, 대처하는 방법이 히로나카답다.

본인이 왜 그 정리를 쓰지 못했는가 하면 "아름답다"라는 칭찬을 받음으로써 자신의 방법만을 고집했기 때문이며, "고집은 편견을 부르고, 그 편견은 또다시 고집"하는 악순환을 되풀이하여, 일을 새로운 각도에서 보는 것을 방해했다는 것을 깨달은 것이다.

그런 식으로 자기의 상태를 냉정하게 볼 수 있는 것은 아버지에게서 배우고, 친구에게서 배우고, 어머니에게서 배우는 유연한 자세를 갖고 있었기 때문이라고 여겨진다. 또한 그런 그가 "아름답다"라는 말에 오만해지고 나 자신을 잃었던 한심한 생각이나 자기의 큰 실수를 아무렇지도 않은 듯, 그것도 이토록 정직하게 쓸 수 있다는 것은 대단히 훌륭한 점이라고 생각한다.

  내가 평소에 만나는 히로나카라는 사람을 생각하면서 이 부분을 읽어보니 절박했을 그의 심정이 잘 나타나 있어서 이 책에서도 유난히 인상에 남는다.

  수학자인 그가 수학이라는 학문으로부터뿐만 아니라 아버지로부터 얻은 것, 친구로부터 얻은 것, 어머니로부터 얻은 것, 그리고 힘들 때 얻은 경험으로 자기 자신을 형성하여 만들어진 그 결정체가 지금의 히로나카가 아닐까? 이런 그의 모습은 아름답다.

  친구의 한 사람으로서 앞으로도 그의 성공을 빈다.

추천의 말

끈기와 겸손으로 완성한 학문의 기쁨

_이정림(포항공과대학교 수학과 교수)

  이 책은 어느 일본 수학자의 자서전이다. 평범한 재능밖에 가지지 못했다고 자인하는 사람이 어떻게 수학의 노벨상에 해당하는 필즈상을 수상하는 눈부신 연구 결과를 얻을 수 있었던가 하는 물음에 대한 해답이라고 할 수 있다.

  한국인과 일본인은 비슷한 데가 많다. 같은 한문을 쓰기도 하고 언어의 문법적인 구조도 비슷하다. 역사적으로 일본의 고대 문화는 한국의 영향을 가장 많이 받아 형성되었다고 한다. 그런데 금세기에 와서 일본이 세계의 강국으로 부상할 수 있었던 이유는 무엇일까?

  과거에 우리를 정치적·군사적 힘으로 침략했던 일본이 이제는 과학기술의 힘으로 다시 우리를 침략해오고 있다. 지난 1980년대의 급진적 경제성장에 우리가 너무 일찍 축배를 들고 자축하고 있는 동안 일본인들은 각자가 자기 분야에서 꾸준히 분투·노력을 해오고 있었다.

  바로 그런 이야기가 이 책에 적혀 있다. 즉, 어느 일본인이 한 목표를 향해 꾸준히 노력한 결과로 그 분야에서 세계 최고의 정상에 도달한 경험담이 기록되어 있다. 대부분의 많은 위인들의 이야기들은 그들의 어린 시절에 이미 남다른 천재적인 재능을 나타냈던 일들을 엮고 있다. 그러나 이 책에는 아무 데도 그런 이야기가 없다. 오히려 그는 대학 3학년 때에야 비로소 수학을 전공하려는 동기를 갖게 되었다고 한다. 중학 시절 한때는 나니와부시를, 고등학교 시절 한때는 피아노 연주를 전공할 생각으로 학교에서 공개 연주까지 했다고 한다.

그가 자라난 가정 환경을 보면, 15남매나 되는 대가족의 일곱 번째로 태어났고(1931년), 한때는 부유했으나 성장 과정에서 가장 중요했던 중고등학교 시절에는 가난했다. 그것은 제2차 세계대전이 끝난 지 얼마 안 됐을 무렵이기 때문에 대부분의 일본 가정들이 모두 경험한 일일 것이다.

뿐만 아니라 행상으로 가계를 유지한 부친은 학문을 위한 고등교육보다는 자식들이 일찍부터 자기를 도와 호구지책에 보탬이 될 것을 원했기 때문에 그는 대학 입시 공부도 숨어서 해야 했다.

대학은 교토대학교에 입학했고 가정교사로 학비와 숙식을 해결하는 등 모든 것이 역경이고 악조건이었다. 그러나 저자는 이러한 환경 가운데서도 주위 사람들에게 많은 것을 배웠고 깨닫게 되어 어떤 것은 자기 평생의 지침이 된 것도 있다고 말한다. 예를 들면, 자기가 가르치던 아이가 전날 배운 것을 몰라서, 벌써 잊어버렸느냐고 꾸짖었을 때 "나는 바보니까요"라는 아이의 대답은 저자가 불필요한 경쟁이나 목표에 맞지 않는 난해한 일을 피하는 데 도움이 되었다.

저자는 이 자서전에서 자신의 평범함을 보여주고 있다. 자기의 성공은 오로지 불요불굴의 끈질긴 노력에 의한 것이라고 주장한다. 남이 열 시간 공부하면 자기는 스무 시간을 공부해야 같은 것을 습득할 수 있었다고 했다. 다른 사람보다 특별히 머리가 좋지도 않고, 다만 남에 비해서 이길 자신이 있는 것은 한 가지 목표를 향해 꾸준히 노력하는 끈기뿐이라고 말한다.

그러나 자기가 처음 착상한 방법을 너무 고집하게 되면 벽에 부딪칠 수 있고 회복하기 어려운 상태가 될 수도 있으니 연구는 항상 소심심고素心探考해야 한다고 했다. 즉 마음을 소박하고 겸손하게 가지고 자기 생각이 틀릴 수도 있다는 유연한 태도로 남의 말을 잘 귀담아 들어야 한다. 그러면서도 착상한 이념은 심도 있게 파고 들어가야 한다는 뜻이다.

저자를 유명하게 만든 '특이점 해소' 문제를 처음 접하게 된 것은 교토대학교 3학년 때 있었던 세미나에서였는데, 그는 그 문제를 해결하겠다고 결심한 지 10년 후인 1962년에 완전한 해결을 보았다. 그때까지 노심초사하여 그 분야의 세계적인 학자들을 만나보았으나 자기 지도교수를 제외하고는 모두 반대 의견뿐이었다고 한다.

그러나 결국 저자는 하버드대학교의 교수가 됐고, 수학의 최고상인 필즈상을 받았다. 필즈상은 노벨상과 달리 4년에 한 번씩 있다.

히로나카는 1970년 프랑스 니스에서 있었던 국제 수학대회에서 수상했는데 나도 거기 참석중이었으나, 정식으로 만난 것은 1979년 여름 단기 강좌를 하기 위해서 그가 서울대학교에 한 달 동안 와 있을 때였다. 자그마한 체격에 매우 겸손한 태도를 지닌 그와 옛날 어렵게 공부했던 이야기를 주고받았던 적이 있다. 그러나 이 책을 통해서야 비로소 그가 최고 정상에 오를 때까지 걸어온 자세한 이야기를 알게 되었다.

결론적으로 이 짧은 책은 일본의 한 수학자의 성공 이야기지만 그의 경험은 누구에게나 다 적용이 된다고 생각한다. 이 책은 모차르트나 가우스 같은 천재의 위인전이 아니며, 자신이 천재가 아니라고 생각하는 사람이면 누구나 다 한 번쯤은 읽을 만한 좋은 책이다.

옮기고 나서

어느 수학자가 일깨운 평범함의 힘

_방승양

우리는 전기를 읽을 때 보통 주인공의 초인간적인 면에 감동을 받는다. 그리고 가끔 비쳐지는 평범한 면을 보고는 미소를 짓기도 한다. 그러나 히로나카 교수의 자서전은 그것과 반대이다.

모든 것이 평범하면서도 세계적인 수학 업적을 남기게 되었다는 것이 종전에 읽던 전기와 다른 점이다. 저자도 책에서 몇 번이나 강조했듯이 그의 어린 시절, 그의 학창 시절 등을 살펴보면 우리의 성장 과정과 별 차이가 없어 보인다. 그럼에도 불구하고 그는 결국 역사에 남을 큰 연구 업적을 세웠다. 나는 보통 사람이라고 생각하는 우리 모두가 한 번 읽어볼 가치가 있다고 생각하여 이 책을 번역하게 되었다.

이 책은 주로 다음 세 가지 점에서 가치가 있다고 생각한다.

첫째는 위에서 언급했듯이 이 책은 보통 사람이면서

뭔가 하고 싶어 하는 사람에게, 성실히 자기의 맡은 바를 다하려고 하는 모든 이에게 감동과 용기를 줄 것이다.

둘째로 히로나카 교수의 전공이 수학이기 때문에 과학 기술을 강조해야 할 우리에게 수학에 대해, 수학 교육에 대해 많은 것을 시사해준다.

셋째로 히로나카 교수를 통해 가깝고도 먼 나라인 일본을 보다 잘 이해하는 데 도움이 되는 자료를 많이 제공해준다.

특히 이 책은 저자가 말하듯이 젊은 사람들을 대상으로 쓰였다. 이 책을 읽고 우리나라의 젊은이들 중에서 앞으로 세계적인 수학자가 나타나기를 바라마지 않는다. 또한 모든 젊은이들이 이 책에서 인생에 대한 귀중한 조언을 얻고 희망과 용기와 자신을 갖고 살아가기를 바란다. 그때 중요한 것은 역시 노력이다. 부단한 노력의 중요함을 이 책이 말하고 있다. 이 조언은 비단 수학이라는 학문에만 해당되는 것이 아니라 거의 모든 학문과 도전에 통한다고 생각된다.

학문의 즐거움